최신판

중국어능력시험

新CPT®

기출문제집 ①

중국언어연구소 출제 / 총괄감수 **김현철** 교수

김영주 해설

문제집

감수 김현철
　　　연세대학교 중어중문학과 교수
　　　중국언어연구소 소장
　　　한국중국어교육학회 부회장
　　　한국중국어언학회 부회장 겸 편집위원장
　　　중국어문학연구회 기획이사

해설 김영주
　　　한양대학교 중어중문학과 졸업
　　　베이징사범대학교 한어국제교육학과 석사과정
　　　前 한국무역협회 상하이엑스포 한국기업연합관통역
　　　前 화천중학교 중국어강사
　　　前 삼성고등학교 중국어강사

중국어능력시험 新CPT 기출문제집 문제집

초판인쇄 2014년 3월 24일
1 판 3 쇄 2016년 2월 10일

출　제 중국언어연구소
총괄감수 김현철
해　설 김영주
편　집 최미진, 전유진, 조이수, 이경민, 王鶴凝
펴낸이 엄태상
펴낸곳 ㈜시사중국어사
등록일자 1988년 2월 13일
등록번호 제1 - 657호
주　소 서울시 종로구 자하문로 300 시사빌딩
주문 및 교재문의 1588 - 1582
팩스 (02) 747 - 1945
홈페이지 book.chinasisa.com
이메일 sisachinabook@hanmail.net
ISBN 978-89-7364-312-7 13720

구성

중국어실용능력시험

CPT®

Chinese Proficiency Test

- 청해문제　1~ 50．500 점　40 분．
- 독해문제　51 ~100．500 점　50 분．

수험번호	
한글이름	
영문이름	

주의———

1. 시험 개시의 지시가 있을 때까지는 문제지를 열지 마십시오.

2. 이 문제지는 시험이 끝나면 시험관에게 반드시 제출하여 주십시오.

3. 이 문제지는 모두 40 페이지로 구성되어 있습니다.

4. 이 문제의 저작권은 시사중국어사가 가지고 있으며, 이 문제의 전부
   혹은 일부의 무단복제 및 전재는 법률로 금하고 있습니다.

第一部分

根据试卷上的照片，从 A、B、C、D中选择一个正确答案。

好，先练习一下。

（例） 

正确答案是C。
这是例题，不用写答案。从第1题开始，请把答案写在答卷上。
现在开始。

1.

2.

3.

4.

5.

6.

7.

8.

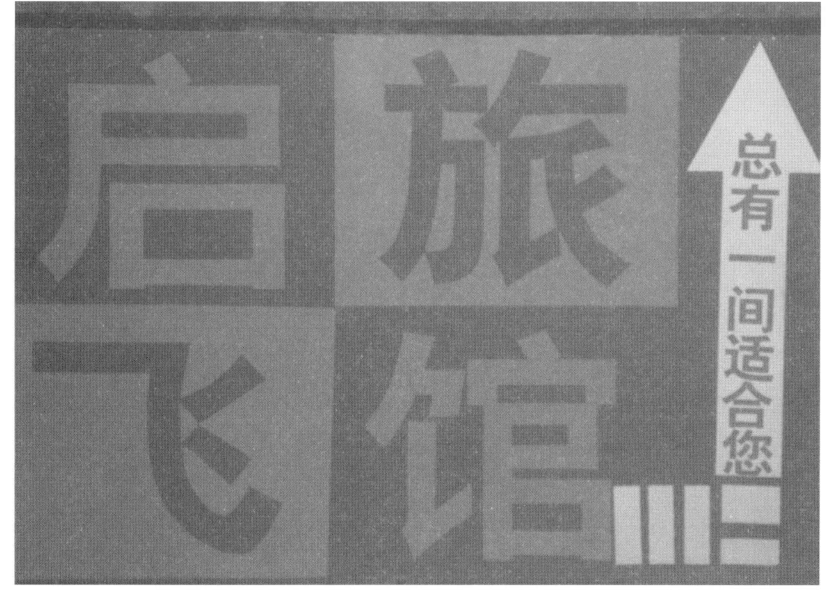

9.

10.

第二部分

从 A、B、C、D 中选择一个正确答案，完成对话。

先练习一下。

（例）

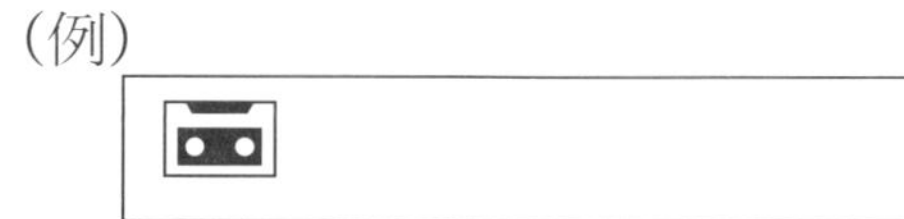

正确答案是 C。

这是例题，不用写答案。

从第11题开始，请把答案写在答卷上。

好，现在开始。

11.　请在 A、B、C、D 中选择唯一正确的选项。

12.　请在 A、B、C、D 中选择唯一正确的选项。

13.　请在 A、B、C、D 中选择唯一正确的选项。

14.　请在 A、B、C、D 中选择唯一正确的选项。

15.　请在 A、B、C、D 中选择唯一正确的选项。

16.　请在 A、B、C、D 中选择唯一正确的选项。

17.　请在 A、B、C、D 中选择唯一正确的选项。

18.　请在 A、B、C、D 中选择唯一正确的选项。

19.　请在 A、B、C、D 中选择唯一正确的选项。

20.　请在 A、B、C、D 中选择唯一正确的选项。

第三部分

听对话，从 A、B、C、D中选择一个正确答案。

先练习一下。

（例）

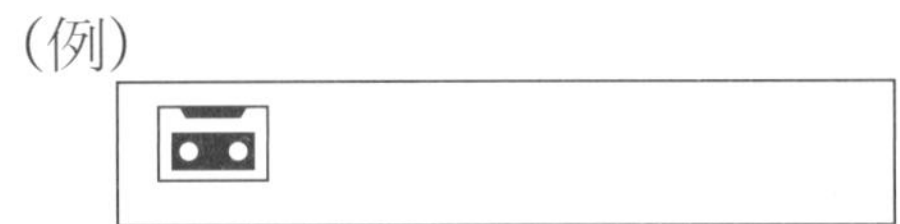

A　一层
B　六层
C　七层
D　三层

正确答案是B。

这是例题，不用写答案。

从第21题开始，请把答案写在答卷上。

好，现在开始。

21.　A　上上周　　　　　　B　上周
　　　C　这周　　　　　　　D　下周

22.　A　银行　　　　　　　B　邮局
　　　C　商场　　　　　　　D　酒店

23.　A　展销会服务中心负责出租展台
　　　B　展台的价格不包括广告费和传单费
　　　C　国内和外资企业都可以参会
　　　D　展台每个人民币800元或200美元

24.　A　美观大方，有中国风格
　　　B　美观，　但是不大方
　　　C　美观大方具有欧美风格
　　　D　大方，但是没有中国特色

25.　A　质量　　　　　　　B　款式
　　　C　做工　　　　　　　D　价格

26.　A　这笔生意可以赚很多钱
　　　B　这笔生意赚不了多少钱
　　　C　这笔生意要赔很多钱
　　　D　这笔生意要赔一点儿钱

27.　A　1000　　　　　　　B　2000
　　　C　5000　　　　　　　D　4000

28. A 阴天   B 晴天
    C 下雪   D 下雨

29. A 1个   B 2个
    C 3个   D 4个

30. A 爸爸病了   B 儿子病了
    C 刚做了爸爸   D 明白了自己的爸爸不容易

31. A 10号登机口   B 10站台
    C 10号售票口   D 10号车厢

32. A 机场   B 火车站
    C 长途汽车站   D 手机店

33. A 辞职了   B 跳槽了
    C 喜欢曹操   D 正好来了

34. A 房费   B 小费
    C 电话费   D 罚款

35. A 14块   B 13块
    C 1块   D 10块

一边听短文或者长对话，一边看问题。每段短文有1到5个问题。从A、B、C、D中选择一个正确答案。

先练习一下。

（例）

1. 短文中没有说到什么东西？
    A 生活用品
    B 书
    C 食品
    D 邮票

2. 这里的"关门"是什么意思？
    A 关上门
    B 商店不能开门
    C 晚上不能开门
    D 停止营业

第一个问题的正确答案是 B，第二个问题的正确答案是 D。

这是例题，不用写答案。

从第36题开始，请把答案写在答卷上。

好，现在开始。

36.　A　CA8158登机口　　　　　B　8158登机口
　　　C　张晨家　　　　　　　　　D　22号登机口

37.　A　飞机出现故障　　　　　B　天气原因
　　　C　交通管制　　　　　　　D　飞机调配

38-39.
38.　A　1994年　　　　　　　　B　1628年
　　　C　1980年　　　　　　　　D　1920年

39.　A　上海　　　　　　　　　B　江西
　　　C　江苏　　　　　　　　　D　浙江

40-41.
40.　A　国家人事部颁发的初、中、高级证书考试
　　　B　国家劳动部门颁发的初、中、高级证书考试
　　　C　全国计算机考试中心颁发的一级、二级、三级、四级等级证书
　　　D　MICROSOFT认证，AUTODESK认证，ADOBE认证等操作员、技术
　　　　员、工程师级别

41.　A　国家人事部的考试
　　　B　国家劳动部门的考试
　　　C　全国计算机考试中心的考试
　　　D　MICROSOFT认证考试

42-43.
42.　A　1次　　　　　　　　　B　2次
　　　C　3次　　　　　　　　　D　4次

43.　A　提取现金　　　　　　　B　查询余额
　　　C　转账　　　　　　　　　D　开户

44. A 什么都不做　　　　　　　　B 存档
　　C 会议略记　　　　　　　　D 还原成文字

45-46.
45. A 在公司或职务名称下归档
　　B 在通信人名下归档
　　C 在职务名称下归档
　　D 在公司名称下归档

46. A 人们可以换工作，但公司或职务的名称一般不会改变
　　B 一个人会离开公司
　　C 一个人会被提升到一个新的职位
　　D 不清楚

47-48.
47. A 张豪庭　　　　　　　　　　B 张家豪
　　C 章家豪　　　　　　　　　　D 长家豪

48. A 15点50分从北京起飞的　　B 16点15分从北京起飞的
　　C 18点50分从北京起飞的　　D 12点15分从北京起飞的

49-50.
49. A 市场需求保持旺盛，品牌需求变化大
　　B 更多区域市场发育，市场集中度开始减弱
　　C 产品趋于多样化
　　D 各大超市卖场成为平板电视的主流渠道

50. A 70%　　　　　　　　　　　B 90%
　　C 600万　　　　　　　　　　D 录音中没有提到

听力测试到此全部结束。
全部考试还没有完，请从第五部分开始继续往下做。

从A、B、C、D四个选项中选择最合适的一个填在横线上。

51. 早上下起了大雪，路上行人很少，只是____有几个锻炼身体的人。

    A 顺便　　　B 偶尔　　　C 起码　　　D 偶然

52. 他先给家人留了张条子，____才去医院看同事。

    A 以后　　　B 然后　　　C 后来　　　D 最后

53. ____这些请客送礼的人如果不及时处理，就会助长这种不良社会风气。

    A 由于　　　B 关于　　　C 对于　　　D 在于

54. 这件事情现在很不好办，放几天____说吧。

    A 才　　　　B 再　　　　C 又　　　　D 还

55. 希望我们两国加强交流，____扩大在各个领域的合作。

    A 而　　　　B 为　　　　C 以　　　　D 就

56. 吸烟____损害自己的健康，____影响他人和家人的健康。

    A 既然……也　　　　　　　　B 既……也

    C 虽然……也　　　　　　　　D 尽管……也

57. 我觉得结婚后夫妻各自的隐私不必让____知道。

    A 互相　　　　B 彼此　　　　C 双方　　　　D 对方

58. 看他着急的样子，我们禁不住笑了____。

    A 起来　　　　B 下来　　　　C 上来　　　　D 过来

59-60.

寻人启事

  ×××，女，67岁，身高一米五五左右，神志有时不__59__，穿灰的确良中式罩衫，黑裤子，灯芯绒圆口布鞋，耳聋，牙齿已全部脱落，豫西口音，带一根木质拐杖，于二月三日出走至__60__未归。有知情者请与市机械安装厂联系，定有重谢。联系电话：123456798。

59. A 良　　　　B 清　　　　C 亮　　　　D 好
60. A 昨　　　　B 现　　　　C 少　　　　D 今

第六部分

下面给出的每组词语按照顺序都可以组成一个句子，请选择最恰当的顺序。

61. ①下雨　②也许　③会　④阴下来了　⑤天　⑥突然

A ⑤②③①④⑥　　B ⑤①②④⑥③
C ⑤⑥④②③①　　D ⑤①②③④⑥

62. ①筷子　②传入了　③唐朝以前　④日本　⑤就　⑥早在

A ④①②⑥③⑤　　B ①⑥③⑤②④
C ④①⑥③②⑤　　D ④②⑥①③⑤

63. ①共　②有　③1600多　④世界上　⑤蚂蚁　⑥种

A ④①②③⑥⑤　　B ⑥④②③①⑤
C ⑥③④②①⑤　　D ③①④⑤⑥②

64. ①方式　②主要　③是　④大脑疲劳　⑤睡眠　⑥消除　⑦的

A ⑤②⑥①⑦④③　　B ⑤①②⑥⑦④③
C ⑥③⑤①⑦④②　　D ⑤③⑥④⑦②①

65. ①做　②在　③的　④前　⑤睡　⑥有氧运动　⑦20分钟

A ⑤②⑥①⑦④③　　B ⑤①②⑥⑦④③
C ⑥③⑤①⑦④②　　D ②⑤④①⑦③⑥

66. ①这　　②能　　③按时　　④课外作业　　⑤次　　⑥吗　　⑦交

  A　①⑤③⑦④②⑥　　　　B　①⑤④⑦⑥②③
  C　①②③⑤④⑦⑥　　　　D　①⑤④②③⑦⑥

67. ①都喜欢　　②高　　③大　　④并非　　⑤每个人　　⑥个儿

  A　④⑤①③②⑥　　　　B　③①⑥④⑤②
  C　④⑤①②③⑥　　　　D　③①⑤⑥④②

68. ①培养　　②积极作用　　③良好的　　④生活习性　　⑤对于　　⑥具有

  A　⑤③①④⑥②　　　　B　⑤③⑥②①④
  C　⑤⑥②③①④　　　　D　⑤①③④⑥②

69. ①的　　②武术　　③发展　　④为　　⑤广阔的道路　　⑥开拓了

  A　④②①③⑥⑤　　　　B　①②⑤③⑥④
  C　①③④②⑥⑤　　　　D　①④③⑥②⑤

70. ①移动电话　　②要　　③为什么　　④飞机上　　⑤呢　　⑥禁止使用　　⑦在

  A　①⑥②⑤④③⑦　　　　B　①⑤⑥②④③⑦
  C　③②⑦④⑥①⑤　　　　D　①⑥②③⑤④⑦

请选出与下面各段文字或图片上的内容一致的一项。

71.

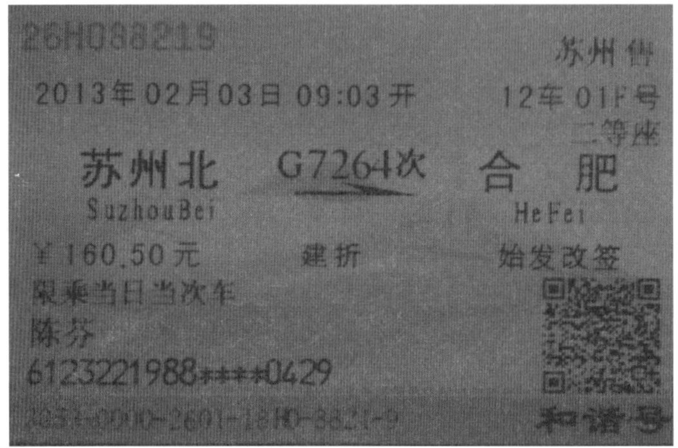

A　这是一张从合肥到苏州北的机票。

B　这趟列车早上9点3分开。

C　本车票可以无数次重复使用。

D　本票的售票员是陈芬。

72.

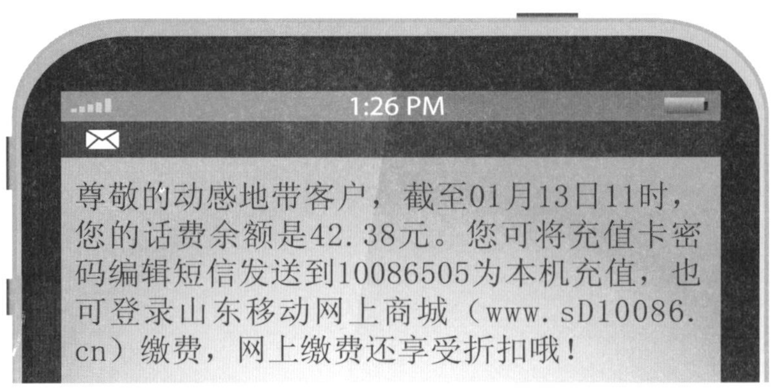

A　该用户需要缴纳42.38元话费。

B　如果想获得折扣，应该去网上缴费。

C　发送短信到10086505可以查话费。

D　这条短信是1月11号收到的。

73.

印刷经营许可证

（副　本）

（ 川 ）新出印证字　514020061号

名　　　称　　四川新财印务有限公司

经 营 场 所　　成都市西南航空港开发区机场路常乐一段3号

法定代表人(负责人)　　陈显林

企 业 类 型　　有限责任公司

经 营 范 围　　出版物、包装装潢、其他印刷品印刷

有 效 期 限　　十　年

发证机关（盖章）：四川省新闻出版局

二〇一〇 年　八 月 三 日

A　本许可证的有效期到2020年8月3日。

B　本许可证的发证机关为四川新财印务有限公司。

C　本许可证的所有者为四川新闻出版局。

D　四川新财印务有限公司是一家出版机构。

74.

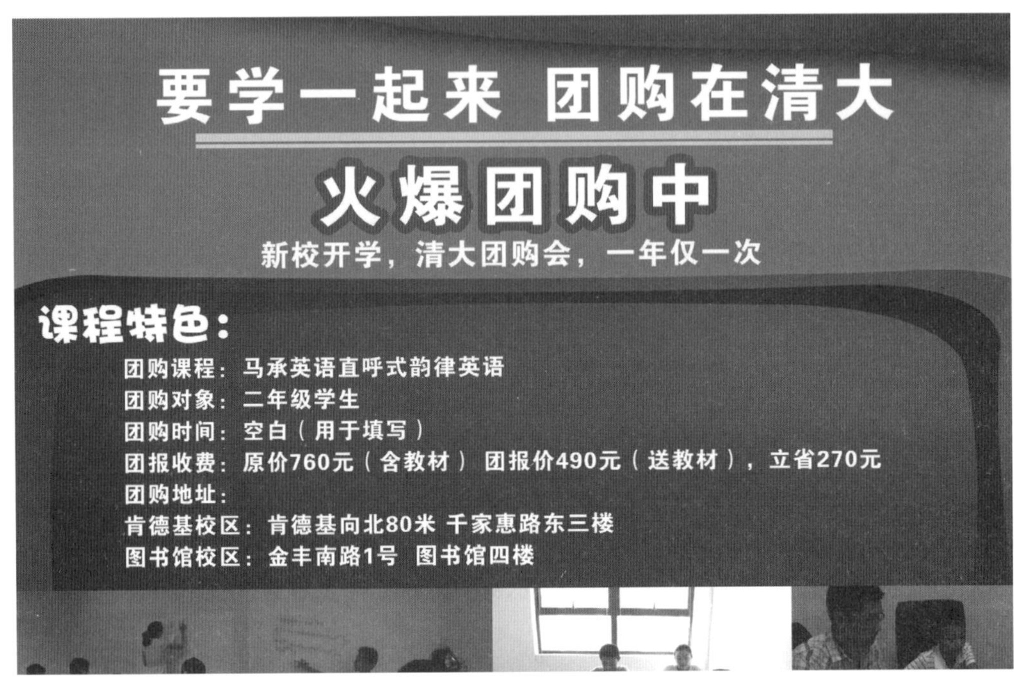

A 这是一个希望很多人一起购买课程的广告。

B 支付490元后，教材另买。

C 这样的机会一年两次。

D 上课地点在图书馆四楼。

75.

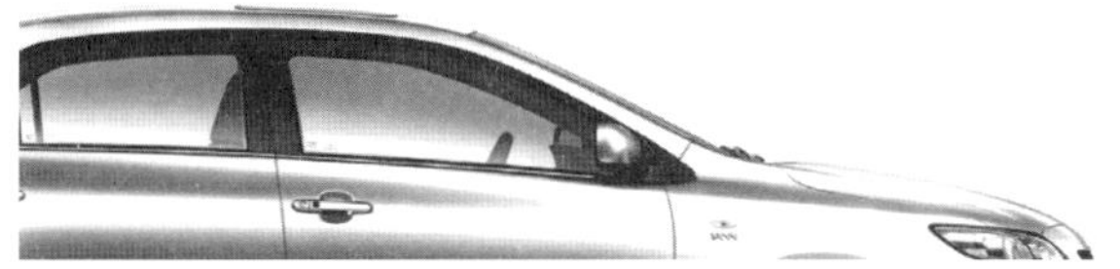

A　几个学员公用一辆车。

B　须一次性交齐学费。

C　驾校员工可以到学员家里接受报名。

D　考试时不分报名先后。

76.

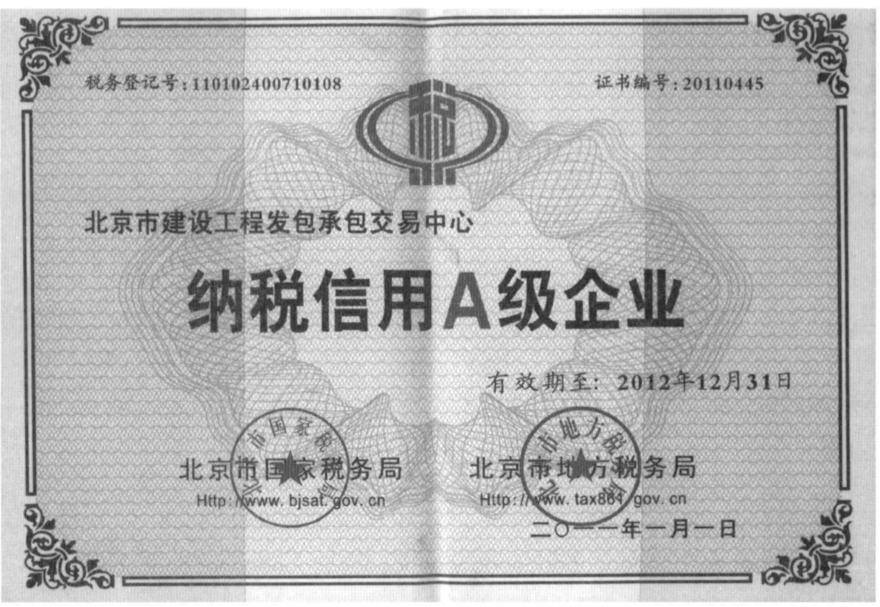

A 北京市国家税务局的纳税信用很好。

B 北京市地方税务局的纳税信用很好。

C 北京市建设工程发包承包交易中心的纳税信用很好。

D 本证书的有效期为三年。

77.

A 这里太高不能攀登。

B 这里是高压电，攀登会很危险。

C 这里很容易充电。

D 小心掉落。

78.

授 权 书

YTFL20110513

　　青岛泰格机械设备有限公司是斗山工程机械（中国）有限公司在青岛、日照地区的斗山叉车指定经销商，负责"斗山叉车"的整车销售、售后服务、配件供应及技术咨询等相关事宜。

有效期：2011 年 1 月 1 日~2011 年 12 月 31 日

特此证明！

A 青岛泰格机械设备有限公司是斗山公司所有产品在中国的指定经销商。

B 青岛泰格机械设备有限公司是斗山公司斗山叉车在中国的指定经销商。

C 青岛泰格机械设备有限公司是斗山公司斗山叉车在青岛和日照的指定经销商。

D 青岛泰格机械设备有限公司不负责技术方面事宜。

79.

系　江苏启东

人，一九七五年十月八日生。在我校

纺织工程　学科（专业）已通过博士学位的课程考试和论文答辩，成绩合格。根据《中华人民共和国学位条例》的规定，授予　工学　博士学位。

江南大学校长　

学位评定委员会主席　

二〇〇七年九月二十六日

证书编号　1029522007000098

A　证书持有者入校时间为1975年10月8日。

B　证书持有者获得的是纺织工程学博士。

C　证书持有者获得的是工学博士。

D　证书持有者的专业为工程纺织学。

80.

> 本人于2013年9月19日的预产期，经医生建议，定于2013年8月31日提前待产，特从2013年8月31日开始请假，期限为150天，请领导予批准，谢谢！
>
> 申请人:张卷
>
> 2013年8月16日

A 请假人请假的原因是公司停产。

B 请假人请假的原因是要生孩子。

C 请假人请假的原因是要结婚。

D 请假人请假的原因是准备工厂的生产。

81.

> 节目名称：《992早班车》
> 主持人：禾岩
> 播出时间：05：30—07：00
> 河北电台交通广播打造的早间出行资讯服务节目
> 主要内容：经典歌曲、名家曲艺欣赏，清晨出行、
> 　　　　　生活资讯发布
>
> 交通广播直播间热线电话：96992

A 这是一档少儿节目。

B 这是一档文艺节目。

C 这是一档曲艺节目。

D 这是一档出行资讯节目。

A 鄂州市墙材革新与建筑节能办公室生产的隔墙条板可以在建筑物上使用。

B 鄂州市朝鑫新型建筑有限公司生产的隔墙条板可以在建筑物上使用。

C 该隔墙条板属于改良产品。

D 该隔墙条板型号为EZQC-22。

招募规则

> 关注新浪海外地产微信号sina-house，或扫描二维码， 添加新浪海外地产公众平台为好友。

> 我们将每天随机抽取10位获奖者，每人赠送#价值20元话费充值卡#。

> 获奖名单抽奖结束后公布，届时请中奖者私信微信号、手机号码给新浪海外地产官方微博。

注：话费将于8月30号之前充值到中奖者手机上，此日期之前取消微信关注，中奖名额失效。

A 获奖者是特别指定的。

B 获奖者手机可以自动充值20元话费。

C 获奖者名单公布后可以到新浪地产办公室领取奖品。

D 名单公布后，获奖者可以随时取消微信关注。

84.

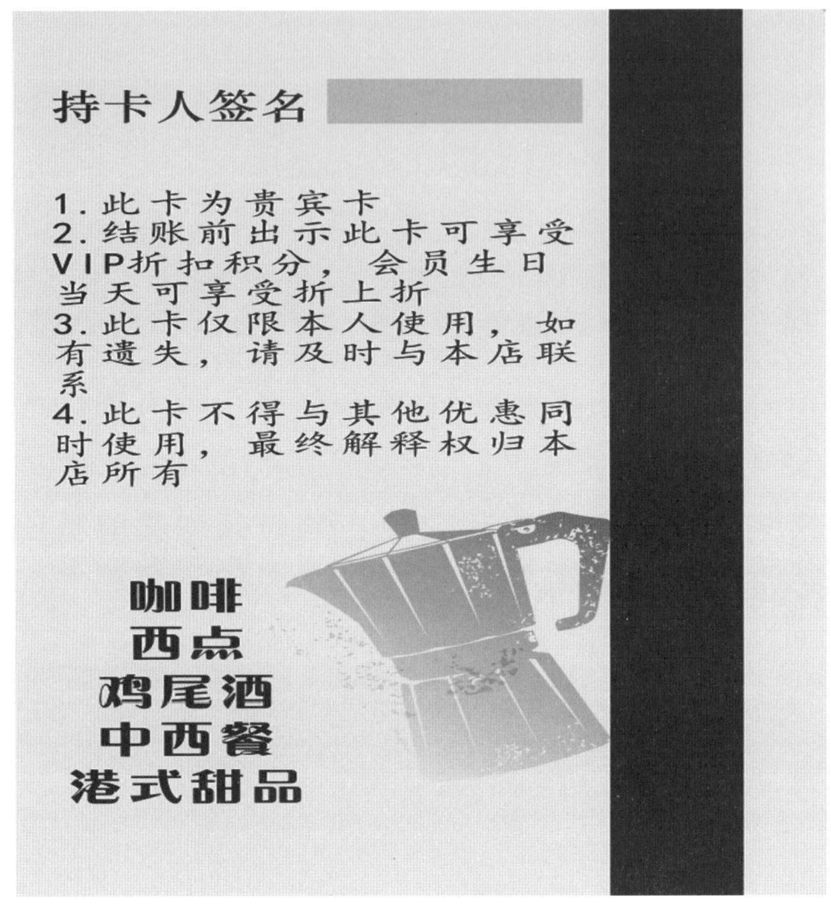

A 持卡人生日当天可以享受更多折扣。

B 本卡可以多人一起使用。

C 本卡可以和其他优惠券一起使用。

D 没有带卡时也可以享受折扣。

源自蜂场
品质无忧

"小蜂房"纯蜂蜜是精选天然荆花蜂蜜、洋槐蜂蜜、油菜蜂蜜精制而成的纯天然食品，里面不含任何添加剂，长期服用有益身体健康。

生产日期：见标贴或瓶盖　　　保质期：24个月

执行标准：符合GB18796-2005强制性要求

生产许可证号：QS420926010069

配料：洋槐蜂蜜、荆花蜂蜜、油菜蜂蜜。

产地：湖北孝感　　　　　　　质量等级：一级品

食用方法：直接食用或涂抹食品，调入温水、牛奶、绿豆汤、粥中饮用，也可凉拌蔬菜水果。

贮存方法：置阴凉干燥处密封保存

注意事项：请勿沸水冲饮（60度以下），以免破坏营养，如有白色沉淀属蜂蜜结晶，请放心食用

生产商：湖北小蜂房蜂业食品有限公司

地　　址：湖北省应城市东马坊蔡赵村特1号

销售电话：0712-3249259／3238609

A　本产品添加剂对人体无害。

B　食用时可以用开水冲饮。

C　本产品变质的话，可能出现白色结晶。

D　本产品保质期为2年。

第八部分

阅读下列短文，然后从A、B、C、D四个答案中选择一个最合适的。

86.

经理先生、女士们、先生们：

我对贵公司的访问，从一开始就受到了热情接待。今晚我应贵公司的邀请出席这个宴会，深感荣幸，请允许我代表我的同事，并且以我个人的名义，向经理先生、各位朋友、表示衷心感谢！

在贵公司访问期间，我们在坦率友好的气氛中进行了会谈，通过会谈，我们增进了相互了解，双方都表示愿意进一步加强科技合作。我真诚地希望我的这次访问有利于我们双方贸易往来，有利于促进我们友谊的发展。

为各位的健康干杯！

这段讲话是发生在什么时候？

A 欢送会上　　　B 欢迎会上　　　C 生日晚会　　　D 谈判结束后

87.

发传真：把要传送的内容朝下放入传真机的进纸口，然后拨叫对方传真机号码，如果对方是自动的，会听到长鸣声；如果是人工，叫对方给信号后也会同样听到长鸣声，之后你再按你机子上的"启动"键或"传真"键，一般为最大的那个键，绿或蓝色。然后你挂上电话就可以了，你会看到纸会自动走出来。

发传真的顺序为：
A 把传送的内容放入进纸口→拨打对方号码→启动→听到长鸣→挂上电话
B 把传送的内容放入进纸口→拨打对方号码→挂上电话→启动→听到长鸣
C 把传送的内容放入进纸口→拨打对方号码→挂上电话→听到长鸣→启动
D 把传送的内容放入进纸口→拨打对方号码→听到长鸣→启动→挂上电话

88.

会议日程

2013年10月18日：全天报到

2013年10月19日

● 早餐

　　时间：7：00 - 形式：自助餐

　　地点：泸州南苑宾馆佳苑楼醉春厅

● 上午

　　时间：8：00—12：00

　　地点：泸州南苑宾馆会议中心礼堂

1. 开幕式

（1）主持人：内蒙古河套大学校长、初中专委会副理事长张永胜

（2）参会人员：学会领导、专家，党政领导，全体正式代表、列席代
　　　　　　　　表，新闻媒体，泸县二中外国语实验学校相关人员

（3）议程

　　　　①中国教育学会初中教育专业委员会理事长李锦韬致开幕词

　　　　②泸县人民政府领导致欢迎词

　　　　③中国教育学会秘书长杨念鲁讲话

　　　　④前国家督学、现四川省教育厅厅长王可植讲话

　　　　⑤泸州市人民政府常务副市长杨松柏讲话

2. 合影

　　时间：开幕式结束地点：南苑会议中心门前梯步处

　　参与合影人员：学会领导、党政领导、参会正式代表

　关于会议日程正确的是哪项？

　　A 早餐需要参会人员自己解决

　　B 参会人员可以在18日全天报到

　　C 新闻媒体可以合影

　　D 张永胜先生主持整个会议

89-90.

　　产品说明书制作要全面地说明事物，不仅介绍其优点，同时还要清楚地说明应注意的事项和可能产生的问题。产品说明书、使用说明书、安装说明书一般采用说明性文字，而戏剧演出类说明书则可以以记叙、抒情为主。说明书可根据情况需要，使用图片、图表等多样形式，以期达到最好的说明效果。现在单纯的文字性的说明书已经不能满足一些复杂的工业产品的说明需求了，很多厂商通过三维动画加实拍的宣传片代替简单的产品说明书。

89. 产品说明书可以不包括什么？
　　A 产品优点　　　B 从哪里购买　　C 注意事项　　D 可能产生问题

90. 三维动画最适合用于哪类产品说明？
　　A 电影　　B 复杂的工业产品　　C 安装说明　　D 使用说明

91-92.

　　中星长岛苑位于浦东新区兰城路115弄，比邻文峰大卖场、竹园小学，步行博兴路地铁站8分钟，厨房和卫生间宽敞。房子里面配有全新组合家具：热水器、洗衣机、电冰箱、抽油烟机、微波炉、窗帘、20M宽带、空调、电视机、组合柜、办公桌、电脑椅、豪华席梦思床、电视柜等家具家电，拎包即可入住，特别适合在金桥和陆家嘴上班的白领男女朋友入住，价格实惠，以下附房源真实照片欲租从速！
联系我时，请说是在58同城上看到的，谢谢！

91. 关于小区位置正确的是：
　　A 步行博兴路地铁站只有8分钟　　B 位于中星长岛苑
　　C 在文峰大卖场后边　　　　　　　D 去博兴路地铁站要经过竹园小学

92. 关于房屋设备错误的是：
　　A 一厨一卫
　　B 家具齐全，只要准备个人用品就可以入住
　　C 家具都没有用过
　　D 不能上网

93-94.

一、活动条件

1、活动时间：2013年12月15日——2014年12月31日

2、收旧换新的区域范围：北京市所有区县。

3、客户条件：北京市户籍居民，以及北京市企业法人。个人客户限购5台，企业客户限购50台。如参加"家电下乡活动"不能同时参加本活动。

    a）如您提供组织机构代码证时，需在组织机构代码证复印件上加盖公章。

    b）以单位名义享受家电以旧换新政策购买新家电的，购买单位需出示自用证明(加盖公章)，并经当地商务主管部门审核同意。《关于以单位名义享受家电以旧换新政策审核事项的通知》，附《以单位名义参加家电以旧换新申请表》（http://www.bjcoCgov.cn/nsjg/fwjy/jdyj/tzggJD/201105/t20110503_55665.html）

    c）请您提前准备身份证或机构代码证原件，配送人员上门配送时将首先核对原件，确认无误后，才审核其他证件。

4、换新商品范围：5类商品(电视、洗衣机、电脑、空调和冰箱)。

5、活动收旧范围：5类商品(电视、洗衣机、空调、冰箱、电脑)。

6、收旧和换新不要求同类商品。空调类收旧，请客户提前拆除完毕。

7、个人或单位享受家电以旧换新政策购买新家电后，如提出退货申请，需先行退还领取的补贴资金。

93. 什么样的人可以参加此次活动？

    A 居住在北京人   B 参加"家电下乡活动"的人

    C 在北京市企业上班的人   D 有北京户口的人

94. 如果以旧换新产品为空调，客户：

    A 收旧时，应该打电话预约拆除

    B 换取的产品必须为空调

    C 提前准备好身份证等待核对

    D 如果申请退货，不必退还补贴资金

95-96.

引进海内外高层次人才合作洽谈会

人力资源和社会保障部、中共宁夏回族自治区委员会、宁夏回族自治区人民政府决定举办2013中国（宁夏）引进海内外高层次人才合作洽谈会，现将有关事宜公告如下：

一、会议主题：聚才引智创新创业共谋发展

二、时间地点：2013年9月11日-15日中国·宁夏·银川

三、引进人才条件

引进煤化工、新能源、设施农业、生物工程、装备制造等宁夏重点项目、重点产业方面急需紧缺的海内外高层次人才和高技能人才，具体条件如下：

（一）拥有海内外知名高校、科研院所工作经历，能够承担重大科技专项、重点科技项目，有较高创新能力的高层次人才；

（二）拥有海内外大中型企业管理经验，熟悉相关领域国际运行规则，有较强经营管理能力的企业高层次经营管理人才；

（三）拥有技术含量高、市场开发前景广阔的专利、发明、项目等能够促进企业自主创新、技术产品升级的高层次创业人才或拥有海内外创业经验，有意愿来宁夏创业投资、项目合作的高层次创业人才；

四、报名方式

凡有意参加2013中国（宁夏）引进海内外高层次人才合作洽谈会的海内外专家学者、高层次人才和高技能人才，可通过电话、传真或电子邮件等方式与宁夏留学人员和专家服务中心联系，并填写报名回执表。报名截止时间：2013年8月20日。

为便于各类人才与宁夏相关企事业单位先期开展对接，大会组委会已将2013年中国（宁夏）引进海内外高层次人才需求情况在宁夏人力资源和社会保障厅网站、中国宁海内外高层次人才合作网公布（网址：http://www.nxhrss.gov.cn http://www.nxgccrCnet）。报名信息经宁夏相关企事业单位对接确认后，大会组委会将正式致函邀请。

五、参会补助

大会将为正式邀请的院士、专家学者、高层次人才和高技能人才提供在宁夏期间的食宿，并给予差旅费补助，具体标准：欧美国家1.2万元人民币，亚洲国家0.8万元人民币，国内0.3万元人民币。

通讯地址：宁夏留学人员和专家服务中心（宁夏银川市上海东路40号）
联系电话：0086-951-5099080、5099081、5099082
传真：0086-951-5099100
E-mAil: nxzj2088@126.com

特此公告。

95. 关于引进条件正确的是：
A 须有工作经验
B 能协助承担重大科技专项
C 科研和管理能力必须同时具有
D 必须拥有海外创业经验

96. 关于报名方式和参会补助：
A 报名时间从2013年8月20日开始
B 参会的专家可以免费得到餐饮和住宿
C 大会组委会会将2013年中国(宁夏)引进海内外高层次人才需求情况在网站上公布
D 报名信息无须核查，所有报名者都会得到邀请函

97-100.

为改善办公及住宿环境，公司已为办公室和宿舍配备空调设备，为了确保我公司空调安全运行，更好地为广大职工提供良好的办公和生活环境，特制定如下空调使用管理规定：

一、使用原则：勤俭节约、节能减排、安全使用。

二、使用条件：

1、夏季气温低于33℃不得开启空调；

2、冬季气温高于5℃不得开启空调。

三、宿舍空调使用规定

1、上班时间宿舍空调一律关闭；

2、冬季时间熄灯后，应关闭空调；

3、夏季时间熄灯后，不准盖被子开空调，空调温度设定应控制在26℃以上；

4、宿舍内最后一人离开时，务必关闭空调。

四、办公室空调使用规定

1、上班时间可以开放空调；

2、夏季空调温度设定应控制在25℃以上；冬季空调设定温度不得高于20度。

3、下班要提前15分钟关闭空调，长时间（20分钟以上）离开时，要关闭空调。

五、其它注意事项：

1、空调开放时，应关闭门窗，如需通风换气应先关闭空调；节假日无人时应将空调插座拔掉。

2、为了空调散热效果更好，以及空调卫生干净，由行政办公室安排定期清洗消毒过滤网。

3、夏季雷雨天气应立即关闭空调，切断电源，以免遭受雷击。

4、注意对空调的合理使用和维护，有异常须速报修。

六、关于使用不当的处罚

发现违反以上二、三、四、五项规定者，在每一个使用阶段期间（每年分夏季和冬季两个使用阶段），首次违规对相关责任人罚款20元；再次违犯者罚款50元；违规三次及以上者，每次罚款100元；如找不到相关责任人，部门或住室所有人员按违规次数统一处罚。

七、管理部门为行政人事部行政办公室，其他个人与部门不准私自装拆空调，如有需要，须向行政办公室报告，统一安排解决。

97. 哪种情况下无需关闭空调？

  A 需要离开25分钟时   B 需要通风换气时

  C 夏季雷雨天气   D 宿舍还有人时

98. 气温几度时可以开启空调？

  A 34℃   B 25℃   C 7℃   D 26℃

99. 如果某人违反规定共5次，他将被罚款多少？

  A 170元   B 470元   C 570元   D 370元

100. 行政办公室不负责什么？

  A 安排定期清洗空调消毒过滤网

  B 安排安装空调

  C 安排拆卸空调

  D 发现空调异常后报修

| 성 명 | 한 글 | | 응시일자 : 20　　년　　월　　일 | 중국어실용능력시험
CPT®
Chinese Proficiency Test | 감 독 자 | |
| 영 문 | | | | | 확 인 | |

수 험 번 호

주민등록번호(외국인등록번호)

최종학력	직업	응시목적
초등학교 재학○ 졸업○	회 사 원 ○	중국어능력개발 ○
중 학 교 재학○ 졸업○	공 무 원 ○	공인어학시험 (관광통역안내사) ○
고등학교 재학○ 졸업○	교원/강사 ○	공인어학시험(의료관광코디네이터) ○
전문대학 재학○ 졸업○	자 영 업 ○	학업용(신입생특기자전형) ○
대 학 교 재학○ 졸업○	중 고 생 ○	학업용(졸업인정시험) ○
대 학 원 재학○ 졸업○	대학(원)생 ○	학업용(논문대체) ○
	연 구 원 ○	학업용(교환학생선발) ○
중국어전공 ○	주 부 ○	취업용 ○　　승진/인사평가 ○
비 전 공 ○	기 타 ○	기타 ○

■ CPT를 응시한 적이 있으십니까?

취득점수	최고득점	
있다 □	350점 미만 □	350점 미만-500점 미만 □
없다 □	500점 이상-650점 미만 □	650점 이상-850점 미만 □
	850점 이상 □	

■ 유효기간 (2년)내에 HSK 취득 점수가 있습니까?

취득점수	최고득점		
	1.2급		
있다 □	3급 (180점 이상-220점 미만 □	220점 이상-260점 미만 □	260점 이상-300점 □)
없다 □	4급 (180점 이상-220점 미만 □	220점 이상-260점 미만 □	260점 이상-300점 □)
	5급 (180점 이상-220점 미만 □	220점 이상-260점 미만 □	260점 이상-300점 □)
	6급 (180점 이상-220점 미만 □	220점 이상-260점 미만 □	260점 이상-300점 □)

듣　　기

NO	ANSWER	NO	ANSWER	NO	ANSWER	NO	ANSWER
1	Ⓐ Ⓑ Ⓒ Ⓓ	14	Ⓐ Ⓑ Ⓒ Ⓓ	27	Ⓐ Ⓑ Ⓒ Ⓓ	40	Ⓐ Ⓑ Ⓒ Ⓓ
2	Ⓐ Ⓑ Ⓒ Ⓓ	15	Ⓐ Ⓑ Ⓒ Ⓓ	28	Ⓐ Ⓑ Ⓒ Ⓓ	41	Ⓐ Ⓑ Ⓒ Ⓓ
3	Ⓐ Ⓑ Ⓒ Ⓓ	16	Ⓐ Ⓑ Ⓒ Ⓓ	29	Ⓐ Ⓑ Ⓒ Ⓓ	42	Ⓐ Ⓑ Ⓒ Ⓓ
4	Ⓐ Ⓑ Ⓒ Ⓓ	17	Ⓐ Ⓑ Ⓒ Ⓓ	30	Ⓐ Ⓑ Ⓒ Ⓓ	43	Ⓐ Ⓑ Ⓒ Ⓓ
5	Ⓐ Ⓑ Ⓒ Ⓓ	18	Ⓐ Ⓑ Ⓒ Ⓓ	31	Ⓐ Ⓑ Ⓒ Ⓓ	44	Ⓐ Ⓑ Ⓒ Ⓓ
6	Ⓐ Ⓑ Ⓒ Ⓓ	19	Ⓐ Ⓑ Ⓒ Ⓓ	32	Ⓐ Ⓑ Ⓒ Ⓓ	45	Ⓐ Ⓑ Ⓒ Ⓓ
7	Ⓐ Ⓑ Ⓒ Ⓓ	20	Ⓐ Ⓑ Ⓒ Ⓓ	33	Ⓐ Ⓑ Ⓒ Ⓓ	46	Ⓐ Ⓑ Ⓒ Ⓓ
8	Ⓐ Ⓑ Ⓒ Ⓓ	21	Ⓐ Ⓑ Ⓒ Ⓓ	34	Ⓐ Ⓑ Ⓒ Ⓓ	47	Ⓐ Ⓑ Ⓒ Ⓓ
9	Ⓐ Ⓑ Ⓒ Ⓓ	22	Ⓐ Ⓑ Ⓒ Ⓓ	35	Ⓐ Ⓑ Ⓒ Ⓓ	48	Ⓐ Ⓑ Ⓒ Ⓓ
10	Ⓐ Ⓑ Ⓒ Ⓓ	23	Ⓐ Ⓑ Ⓒ Ⓓ	36	Ⓐ Ⓑ Ⓒ Ⓓ	49	Ⓐ Ⓑ Ⓒ Ⓓ
11	Ⓐ Ⓑ Ⓒ Ⓓ	24	Ⓐ Ⓑ Ⓒ Ⓓ	37	Ⓐ Ⓑ Ⓒ Ⓓ	50	Ⓐ Ⓑ Ⓒ Ⓓ
12	Ⓐ Ⓑ Ⓒ Ⓓ	25	Ⓐ Ⓑ Ⓒ Ⓓ	38	Ⓐ Ⓑ Ⓒ Ⓓ		
13	Ⓐ Ⓑ Ⓒ Ⓓ	26	Ⓐ Ⓑ Ⓒ Ⓓ	39	Ⓐ Ⓑ Ⓒ Ⓓ		

독　　해

NO	ANSWER	NO	ANSWER	NO	ANSWER	NO	ANSWER
51	Ⓐ Ⓑ Ⓒ Ⓓ	64	Ⓐ Ⓑ Ⓒ Ⓓ	77	Ⓐ Ⓑ Ⓒ Ⓓ	90	Ⓐ Ⓑ Ⓒ Ⓓ
52	Ⓐ Ⓑ Ⓒ Ⓓ	65	Ⓐ Ⓑ Ⓒ Ⓓ	78	Ⓐ Ⓑ Ⓒ Ⓓ	91	Ⓐ Ⓑ Ⓒ Ⓓ
53	Ⓐ Ⓑ Ⓒ Ⓓ	66	Ⓐ Ⓑ Ⓒ Ⓓ	79	Ⓐ Ⓑ Ⓒ Ⓓ	92	Ⓐ Ⓑ Ⓒ Ⓓ
54	Ⓐ Ⓑ Ⓒ Ⓓ	67	Ⓐ Ⓑ Ⓒ Ⓓ	80	Ⓐ Ⓑ Ⓒ Ⓓ	93	Ⓐ Ⓑ Ⓒ Ⓓ
55	Ⓐ Ⓑ Ⓒ Ⓓ	68	Ⓐ Ⓑ Ⓒ Ⓓ	81	Ⓐ Ⓑ Ⓒ Ⓓ	94	Ⓐ Ⓑ Ⓒ Ⓓ
56	Ⓐ Ⓑ Ⓒ Ⓓ	69	Ⓐ Ⓑ Ⓒ Ⓓ	82	Ⓐ Ⓑ Ⓒ Ⓓ	95	Ⓐ Ⓑ Ⓒ Ⓓ
57	Ⓐ Ⓑ Ⓒ Ⓓ	70	Ⓐ Ⓑ Ⓒ Ⓓ	83	Ⓐ Ⓑ Ⓒ Ⓓ	96	Ⓐ Ⓑ Ⓒ Ⓓ
58	Ⓐ Ⓑ Ⓒ Ⓓ	71	Ⓐ Ⓑ Ⓒ Ⓓ	84	Ⓐ Ⓑ Ⓒ Ⓓ	97	Ⓐ Ⓑ Ⓒ Ⓓ
59	Ⓐ Ⓑ Ⓒ Ⓓ	72	Ⓐ Ⓑ Ⓒ Ⓓ	85	Ⓐ Ⓑ Ⓒ Ⓓ	98	Ⓐ Ⓑ Ⓒ Ⓓ
60	Ⓐ Ⓑ Ⓒ Ⓓ	73	Ⓐ Ⓑ Ⓒ Ⓓ	86	Ⓐ Ⓑ Ⓒ Ⓓ	99	Ⓐ Ⓑ Ⓒ Ⓓ
61	Ⓐ Ⓑ Ⓒ Ⓓ	74	Ⓐ Ⓑ Ⓒ Ⓓ	87	Ⓐ Ⓑ Ⓒ Ⓓ	100	Ⓐ Ⓑ Ⓒ Ⓓ
62	Ⓐ Ⓑ Ⓒ Ⓓ	75	Ⓐ Ⓑ Ⓒ Ⓓ	88	Ⓐ Ⓑ Ⓒ Ⓓ		
63	Ⓐ Ⓑ Ⓒ Ⓓ	76	Ⓐ Ⓑ Ⓒ Ⓓ	89	Ⓐ Ⓑ Ⓒ Ⓓ		

중국어 학습 기간은?

1. 6개월 미만 ○
2. 6개월 이상 1년 미만 ○
3. 1년 이상 3년 미만 ○
4. 3년 이상 5년 미만 ○
5. 5년 이상 ○

※ 주의사항

1. 좌측 상단의 수험번호와 성명, 주민등록번호를 반드시 기재해 주십시오.
2. 답안지 작성(표기)은 반드시 컴퓨터용 사인 펜만을 사용하고, 연필 또는 샤프펜을 절대 사용하지 마십시오.
3. 답안은 동그라미를 빈틈없이 색칠해 주십시오. 한 문항에 2개 이상 답안이 색칠 되면 채점오류로 처리됩니다.
예) ● Ⓑ Ⓒ Ⓓ

| 성 | 한글 | |
| 명 | 영문 | |

응시일자 : 20   년   월   일

중국어실용능력시험
CPT®
Chinese Proficiency Test

| 감 독 자 | |
| 확   인 | |

수 험 번 호

주민등록번호(외국인등록번호)

최 종 학 력	직 업	응 시 목 적
초등학교 재학○ 졸업○	회 사 원○	중국어능력개발 ○
중 학 교 재학○ 졸업○	공 무 원○	공인어학시험 (관광통역안내사) ○
고등학교 재학○ 졸업○	교원/강사○	공인어학시험(의료관광코디네이터)○
전문대학 재학○ 졸업○	자 영 업○	학업용(신입생특기자전형) ○
대 학 교 재학○ 졸업○	중 고 생○	학업용(졸업인정시험) ○
대 학 원 재학○ 졸업○	대학(원)생○	학업용(논문대체) ○
	연 구 원○	학업용(교환학생선발) ○
중국어전공 ○	주 부○	취업용 ○ 승진/인사평가 ○
비 전 공 ○	기 타○	기타 ○

■ CPT를 응시한 적이 있으십니까?

취득점수	최 고 득 점	
있다 □	350점 미만 □	350점 미만-500점 미만 □
없다 □	500점 이상-650점 미만 □	650점 이상-850점 미만 □
	850점 이상 □	

■ 유효기간 (2년)내에 HSK 취득 점수가 있습니까?

취득점수	최 고 득 점		
	1.2급		
있다 □	3급 (180점 이상-220점 미만 □	220점 이상-260점 미만 □	260점 이상-300점 □)
없다 □	4급 (180점 이상-220점 미만 □	220점 이상-260점 미만 □	260점 이상-300점 □)
	5급 (180점 이상-220점 미만 □	220점 이상-260점 미만 □	260점 이상-300점 □)
	6급 (180점 이상-220점 미만 □	220점 이상-260점 미만 □	260점 이상-300점 □)

듣   기

NO	ANSWER	NO	ANSWER	NO	ANSWER	NO	ANSWER
1	Ⓐ Ⓑ Ⓒ Ⓓ	14	Ⓐ Ⓑ Ⓒ Ⓓ	27	Ⓐ Ⓑ Ⓒ Ⓓ	40	Ⓐ Ⓑ Ⓒ Ⓓ
2	Ⓐ Ⓑ Ⓒ Ⓓ	15	Ⓐ Ⓑ Ⓒ Ⓓ	28	Ⓐ Ⓑ Ⓒ Ⓓ	41	Ⓐ Ⓑ Ⓒ Ⓓ
3	Ⓐ Ⓑ Ⓒ Ⓓ	16	Ⓐ Ⓑ Ⓒ Ⓓ	29	Ⓐ Ⓑ Ⓒ Ⓓ	42	Ⓐ Ⓑ Ⓒ Ⓓ
4	Ⓐ Ⓑ Ⓒ Ⓓ	17	Ⓐ Ⓑ Ⓒ Ⓓ	30	Ⓐ Ⓑ Ⓒ Ⓓ	43	Ⓐ Ⓑ Ⓒ Ⓓ
5	Ⓐ Ⓑ Ⓒ Ⓓ	18	Ⓐ Ⓑ Ⓒ Ⓓ	31	Ⓐ Ⓑ Ⓒ Ⓓ	44	Ⓐ Ⓑ Ⓒ Ⓓ
6	Ⓐ Ⓑ Ⓒ Ⓓ	19	Ⓐ Ⓑ Ⓒ Ⓓ	32	Ⓐ Ⓑ Ⓒ Ⓓ	45	Ⓐ Ⓑ Ⓒ Ⓓ
7	Ⓐ Ⓑ Ⓒ Ⓓ	20	Ⓐ Ⓑ Ⓒ Ⓓ	33	Ⓐ Ⓑ Ⓒ Ⓓ	46	Ⓐ Ⓑ Ⓒ Ⓓ
8	Ⓐ Ⓑ Ⓒ Ⓓ	21	Ⓐ Ⓑ Ⓒ Ⓓ	34	Ⓐ Ⓑ Ⓒ Ⓓ	47	Ⓐ Ⓑ Ⓒ Ⓓ
9	Ⓐ Ⓑ Ⓒ Ⓓ	22	Ⓐ Ⓑ Ⓒ Ⓓ	35	Ⓐ Ⓑ Ⓒ Ⓓ	48	Ⓐ Ⓑ Ⓒ Ⓓ
10	Ⓐ Ⓑ Ⓒ Ⓓ	23	Ⓐ Ⓑ Ⓒ Ⓓ	36	Ⓐ Ⓑ Ⓒ Ⓓ	49	Ⓐ Ⓑ Ⓒ Ⓓ
11	Ⓐ Ⓑ Ⓒ Ⓓ	24	Ⓐ Ⓑ Ⓒ Ⓓ	37	Ⓐ Ⓑ Ⓒ Ⓓ	50	Ⓐ Ⓑ Ⓒ Ⓓ
12	Ⓐ Ⓑ Ⓒ Ⓓ	25	Ⓐ Ⓑ Ⓒ Ⓓ	38	Ⓐ Ⓑ Ⓒ Ⓓ		
13	Ⓐ Ⓑ Ⓒ Ⓓ	26	Ⓐ Ⓑ Ⓒ Ⓓ	39	Ⓐ Ⓑ Ⓒ Ⓓ		

독   해

NO	ANSWER	NO	ANSWER	NO	ANSWER	NO	ANSWER
51	Ⓐ Ⓑ Ⓒ Ⓓ	64	Ⓐ Ⓑ Ⓒ Ⓓ	77	Ⓐ Ⓑ Ⓒ Ⓓ	90	Ⓐ Ⓑ Ⓒ Ⓓ
52	Ⓐ Ⓑ Ⓒ Ⓓ	65	Ⓐ Ⓑ Ⓒ Ⓓ	78	Ⓐ Ⓑ Ⓒ Ⓓ	91	Ⓐ Ⓑ Ⓒ Ⓓ
53	Ⓐ Ⓑ Ⓒ Ⓓ	66	Ⓐ Ⓑ Ⓒ Ⓓ	79	Ⓐ Ⓑ Ⓒ Ⓓ	92	Ⓐ Ⓑ Ⓒ Ⓓ
54	Ⓐ Ⓑ Ⓒ Ⓓ	67	Ⓐ Ⓑ Ⓒ Ⓓ	80	Ⓐ Ⓑ Ⓒ Ⓓ	93	Ⓐ Ⓑ Ⓒ Ⓓ
55	Ⓐ Ⓑ Ⓒ Ⓓ	68	Ⓐ Ⓑ Ⓒ Ⓓ	81	Ⓐ Ⓑ Ⓒ Ⓓ	94	Ⓐ Ⓑ Ⓒ Ⓓ
56	Ⓐ Ⓑ Ⓒ Ⓓ	69	Ⓐ Ⓑ Ⓒ Ⓓ	82	Ⓐ Ⓑ Ⓒ Ⓓ	95	Ⓐ Ⓑ Ⓒ Ⓓ
57	Ⓐ Ⓑ Ⓒ Ⓓ	70	Ⓐ Ⓑ Ⓒ Ⓓ	83	Ⓐ Ⓑ Ⓒ Ⓓ	96	Ⓐ Ⓑ Ⓒ Ⓓ
58	Ⓐ Ⓑ Ⓒ Ⓓ	71	Ⓐ Ⓑ Ⓒ Ⓓ	84	Ⓐ Ⓑ Ⓒ Ⓓ	97	Ⓐ Ⓑ Ⓒ Ⓓ
59	Ⓐ Ⓑ Ⓒ Ⓓ	72	Ⓐ Ⓑ Ⓒ Ⓓ	85	Ⓐ Ⓑ Ⓒ Ⓓ	98	Ⓐ Ⓑ Ⓒ Ⓓ
60	Ⓐ Ⓑ Ⓒ Ⓓ	73	Ⓐ Ⓑ Ⓒ Ⓓ	86	Ⓐ Ⓑ Ⓒ Ⓓ	99	Ⓐ Ⓑ Ⓒ Ⓓ
61	Ⓐ Ⓑ Ⓒ Ⓓ	74	Ⓐ Ⓑ Ⓒ Ⓓ	87	Ⓐ Ⓑ Ⓒ Ⓓ	100	Ⓐ Ⓑ Ⓒ Ⓓ
62	Ⓐ Ⓑ Ⓒ Ⓓ	75	Ⓐ Ⓑ Ⓒ Ⓓ	88	Ⓐ Ⓑ Ⓒ Ⓓ		
63	Ⓐ Ⓑ Ⓒ Ⓓ	76	Ⓐ Ⓑ Ⓒ Ⓓ	89	Ⓐ Ⓑ Ⓒ Ⓓ		

중국어 학습 기간은?

1. 6개월 미만 ○
2. 6개월 이상 1년 미만 ○
3. 1년 이상 3년 미만 ○
4. 3년 이상 5년 미만 ○
5. 5년 이상 ○

※ 주의사항

1. 좌측 상단의 수험번호와 성명, 주민등록번호를 반드시 기재해 주십시오.

2. 답안지 작성(표기)은 반드시 컴퓨터용 사인 펜만을 사용하고, 연필 또는 샤프펜을 절대 사용하지 마십시오.

3. 답안은 동그라미를 빈틈없이 색칠해 주십시오. 한 문항에 2개 이상 답안이 색칠 되면 채점오류로 처리됩니다.
예) ● Ⓑ Ⓒ Ⓓ

중국어능력시험

新CPT®

기출문제집 ①

중국언어연구소 출제 / 총괄감수 **김현철** 교수
김영주 해설

해설집

감수 김현철
  연세대학교 중어중문학과 교수
  중국언어연구소 소장
  한국중국어교육학회 부회장
  한국중국어언학회 부회장 겸 편집위원장
  중국어문학연구회 기획이사

해설 김영주
  한양대학교 중어중문학과 졸업
  베이징사범대학교 한어국제교육학과 석사과정
  前 한국무역협회 상하이엑스포 한국기업연합관통역
  前 화천중학교 중국어강사
  前 삼성고등학교 중국어강사

중국어능력시험 新CPT 기출문제집 해설집

초판인쇄 2014년 3월 24일
1 판 3 쇄 2016년 2월 10일

출 제 중국언어연구소
총괄감수 김현철
해 설 김영주
편 집 최미진, 전유진, 조이수, 이경민, 王鶴凝
펴낸이 엄태상
펴낸곳 ㈜시사중국어사
등록일자 1988년 2월 13일
등록번호 제1 – 657호
주 소 서울시 종로구 자하문로 300 시사빌딩
주문 및 교재문의 1588 – 1582
팩스 (02) 747 – 1945
홈페이지 book.chinasisa.com
이메일 sisachinabook@hanmail.net
ISBN 978-89-7364-312-7 13720

新CPT
응시가이드

1 중국어능력시험 新CPT 특징

실용적인 커뮤니케이션 능력 측정/평가가 목표입니다.

중국어능력시험 新CPT는 중국어 학습자의 중국어 수준을 측정하기 위한 중국어 능력평가 시험입니다. 이는 학문적인 중국어 지식의 정도를 측정하기 위한 시험이 아닌, 언어 본래의 기능인 커뮤니케이션 능력을 측정하는 시험입니다. 문제는 주로 일상생활 정보 및 실제 비즈니스 업무 내용 위주의 문제가 출제되며, 현장에서 사용되는 커뮤니케이션 능력, 중국 현지 생활적응능력 등이 평가됩니다.

급수제의 단점을 극복한 점수제 평가방법을 채택합니다.

중국어능력시험 新CPT는 급수제가 아닌 점수제로 평가됩니다. 모든 응시자가 동일한 시험문제로 자신의 능력을 객관적으로 평가 받는 방식입니다. 따라서 실생활에서의 커뮤니케이션 능력이 정확하게 점수로 환산되며, 정확성/객관성/타당성에서 탁월한 시험입니다.

기업체나 학교에서 효율적인 인력관리가 가능합니다.

중국어능력시험 新CPT는 기업체에서는 정확한 평가로 인력관리가 가능해지고, 학교에서는 학사관리 및 전공자들의 중국어학습능력을 파악할 수 있습니다. 현재 중국어능력시험 新CPT는 국가기관 및 공기업, 대학교, 기업체의 입사/승진시험에서 사용되며, 전문대학협의회의 해외인턴쉽 대상자 선발시험으로 선정되어 사용되고 있으며, 대학 전공자의 중간고사, 기말고사 대체시험 및 논문 대체 시험으로 활용되고 있습니다.

국가공인자격시험의 어학점수로 인정되고 있습니다.

중국인들의 한국관광열풍이 불고 있는 요즘, 관광통역안내사, 국제의료관광코디네이터 자격시험에 대한 관심과 요구가 높아지고 있습니다. 중국어능력시험 新CPT는 관광통역안내사, 국제의료관광코디네이터 등 국가공인 자격시험의 어학점수로 인정되고 있습니다. 新CPT 점수 취득으로 중국어 실력을 검증 받을 수 있습니다.

듣기	청해부분은 크게 4가지 유형으로 나뉩니다.	
1	사진묘사	사진을 근거로 정답을 선택
2	이어질 대화문 찾기	올바른 문장을 선택하여 대화를 완성
3	회화문 듣고 대답하기	짧은 대화를 듣고 올바른 답을 선택
4	설명문 듣기	긴 문장을 듣고 정답을 선택

읽기	독해부분은 크게 4가지 유형으로 나뉩니다.	
5	빈칸 채우기	빈칸에 들어갈 알맞은 답을 선택
6	순서 배열하기	문장을 완성하기 위해 각 단어들을 알맞은 순서로 배열
7	짧은 문장 이해하기	문장의 내용 중 맞는 답을 선택
8	긴 실용문 이해하기	실용문을 읽고 적합한 답을 선택

구성	문제유형	문항수	배점	시간
듣기	사진묘사 이어질 대화문 찾기 회화문 듣고 대답하기 설명문 듣기	10 10 15 15	500점	40분
읽기	빈칸 채우기 순서 배열하기 짧은 문장 이해하기 긴 실용문 이해하기	10 10 15 15	500점	50분
계	8가지 유형	100	1000점	90분

新CPT	新HSK	평가 가이드라인
850~1000	6급	**중국인과 자유롭게 커뮤니케이션을 할 수 있음** – 자신의 경험 범위에서는 전문적인 분야의 화제에 대해서 충분한 이해와 적절한 표현이 가능함. – 중국인 정도는 아니지만 정확하게 어휘, 문형들을 사용할 수 있으며, 중국어를 유창하게 구사할 수 있는 능력을 갖춤.
650~849	5급	**비교적 적절한 커뮤니케이션을 할 수 있는 능력을 가지고 있음** – 일상적인 회화는 완전히 이해하고 있으며 응답도 빠름. – 문형을 사용함에 있어 다소 틀리는 부분이 있어도 의사소통에 지장을 줄 정도는 아님. – 화제가 특정분야에 치우치게 되어도 대응할 수 있는 능력을 가지고 있음. – 사업 설명 및 비즈니스 상담이 가능하고 단독으로 출장이 가능함.
500~649	4급	**일상생활에는 별다른 불편이 없으며, 한정된 범위 내에서는 업무상의 커뮤니케이션을 할 수 있음** – 복잡한 상황에서의 의사소통은 개인에 따라 잘하고 못하는 차이가 있음. – 기본적인 문법, 문형은 소화하고 있으며, 표현력은 부족해도 자신의 의사표시를 할 수 있을 만큼의 어휘력을 갖추고 있음. – 간단한 편지나 팩스 등은 사전 없이 읽거나 쓸 수 있으며 신청서에 필요사항을 기재할 수 있음. – 시찰 목적의 해외출장이 가능함.
350~499	3급	**일상생활에서 커뮤니케이션 할 수 있음** – 어휘/문형/문법에 있어서 불충분한 점이 많으나 중국인이 외국인으로서의 특별한 배려를 해주면 의사소통이 가능함. – 메모와 간단한 메시지를 남길 수 있음. – 중국 관광여행을 혼자서 할 수 있음.
210~349	2급	**최저한의 커뮤니케이션을 할 수 있음** – 쉬운 내용의 말을 알기 쉽게 천천히 얘기하면 부분적으로 이해할 수 있음. – 자기소개를 짤막하게 할 수 있으나 실질적인 의사소통은 안 됨. – 간단한 메모나 문장은 읽고 이해할 수 있음.

정기 시험
- ▶ **시험 시기**　연 5회 실시
- ▶ **응시 대상**　제한 없음
- ▶ **응 시 료**　35,000원
- ▶ **접수 방법**　인터넷 접수
  1. 홈페이지 방문 (www.chinacpt.co.kr)
  2. 홈페이지 첫 화면 접수하기 또는 상단 메뉴 "新CPT정기시험"의 인터넷접수
  3. 비회원 또는 회원 접수
  4. 시험정보 입력 후 사진 업로드
  5. 결제 진행 (온라인 입금, 카드결제, 휴대폰 결제)
  6. 접수확인 후 수험표 출력
  * 온라인 계좌 : 외환은행 247-22-01827-0 엄호열
  　(응시자와 입금자가 틀릴 경우 02-737-1593으로 연락 주시기 바랍니다.)

시험 당일 고사장에 9시 50분까지 입실 완료해야 합니다.
- ▶ **응시자 지참물**　수험표, 신분증(주민등록증, 운전면허증, 기간만료 전의 여권, 청소년증, 新CPT 신
　분 확인 증명서-홈페이지에서 양식다운, 외국인등록증)
　* 신분증 미지참시 입실불가, 시험에 응시할 수 없습니다.

- ▶ **성적통보 및 재발급**
- 성적유효기간은 증명서 발급일로부터 2년입니다.
- 성적은 공지된 성적 발표일에 인터넷을 통해 확인 가능하며, 증명서는 발표일로부터 인터넷에서
　출력 가능합니다.
- 성적표 재발급이 가능합니다.(발급 수수료 발생)

- ▶ **수시시험**
- 기업, 학교, 관공서 등 소속이 동일한 단체가 신청할 경우, 응시단체가 원하는 장소 및 원하는 시간
　에 시행하고 있습니다.
- 시험 한 달 전, 시험을 접수하고 계약서를 작성합니다.
- 시험 10일전 시험 일시, 인원 및 장소를 확정합니다.
- 시험 3일전 응시 협조 공문을 보내고, 확정 응시인원을 통보하며, 응시료를 입금합니다.
　* 시험 3일전까지 최종 인원을 통보하며 이후에는 추가 및 취소가 불가합니다.
- 성적증명서는 시험 시행 2주 이내에 단체 담당자에게 일괄 송부합니다.
- 시험 접수 및 기타 문의는 02-737-1593으로 연락 주시기 바랍니다.

1) 新CPT로 취업하기

* **2013년도 전라남도 지방공무원 임용시험 중국어 능력자 전형에 新CPT 포함**
新CPT 800점 이상의 성적을 취득하면, 중국어 능력자 전형을 통해 공개경쟁 9급 행정직에 지원 가능합니다.

행정	일반행정 (영어능력자)	TOEFL(PBT560, CBT 220, IBT 83)점 이상 또는 TOEIC 775점 이상 또는 TEPS 700점 이상
	일반행정 (중국어능력자)	중국어 CPT 800점 이상 또는 HSK 필기 6급 및 회화 고급병행 충족
	일반행정 (일본어능력자)	일본어 JPT 840점 이상 또는 JLPT N1 이상

www.jeonnam.go.kr (전라남도청)

* **한국승강기안전기술원 직원 채용시 공인 어학성적으로 新CPT 인정**

바. 공인 어학성적 증명서 1부(해당자에 한함)

*공인 어학성적은 TOEIC, TEPS, TOEFL, JPT, JLPT, CPT, HSK를 인정하며,
2011.4.1이후 응시하여 취득한 성적(증명)을 제출

www.kest.or.kr (한국승강기안전기술원)

* **신라대학교 일반직 행정 지원 자격 영어와 중국어 평가 점수 보유자 제한**
新CPT 700점 이상이면 지원 가능합니다.

분야	인원	기본자격	비고
일반직행정	0명	4년제 정규대학교 졸업자 이상으로서 아래 영어 또는 중국어 평가기준을 만족하는 자(지원마감일 기준 2년 이내 취득한 어학 성적만 인정) - 영어 : TOEIC 750점 / TOEFL(IBT) 85점 / TEPS 620점 이상 - 중국어 : HSK 5급 195점 / CPT 700점 이상	- PC활용 능통자 우대 - 법정 및 상경계열 우대

www.silla.ac.kr (신라대학교)

2) 新CPT로 스펙쌓기

*** 신한은행 중국법인 해외 주재원 선발시, 新CPT 점수 보유자 가산점**

> 직원들이 사내 사이트를 통해 수시로 자신의 글로벌학점을 확인 할 수 있다. 매달 공인인증된 어학 성적표 제출로 자신의 글로벌 학점을 수시로 향상 시킬 수 있다. 어학 점수는 해당 국가별로 차등 적용 된다. 예컨데 중국법인의 경우 중국어 구사능력이 우선시 되고 중국어능력시험(CPT) 점수에 가산점이 붙는다.

(이투데이)

*** 롯데그룹 사원들 '외국어 수준 향상'을 위해 매년 어학 성적표 제출**

중국어 성적으로는 중국어능력시험 新CPT 등이 인정되며, 글로벌 인재 선발 시 참고자료로 활용되고 있습니다.

> 추석 연휴 직전인 15일 롯데백화점 사내 인트라넷을 통해 발송된 공문에 따르면 과장급 이상 간부사원은 올해 중 응시한 최소 1개 이상의 외국어 시험 성적표를 내년 2월 10일까지 제출해야 한다. 영어(토익), 일본어(JPT, JLPT), 중국어(HSK, CPT)를 비롯해 베트남어, 러시아어, 인도네시아어 등 롯데가 백화점과 마트를 통해 진출한 '브릭스(VRICs)'국가 언어도 포함된다. 11월에는 사내 시험도 치를 예정이다.

(동아일보)

3) 新CPT로 평가받기

*** 각 대학에서 新CPT 성적으로 논문 대체 및 졸업인증시험 인정**

대학교에서는 중국어능력시험 新CPT가 학생들의 중국어 능력을 평가하는 지표가 되고 있습니다. 학생들은 新CPT 성적을 제출하여 논문 대체, 졸업인증시험으로 인정받을수 있습니다.

*** 해외 인턴십 지원 가능**

전문대학에 재학 중인 학생들은 300점 이상 점수 취득 시 해외인턴십 지원이 가능합니다.

*** 고교 교내 평가용, 취업, 대학 입학을 위한 어학시험으로 활용 가능**

新CPT
해설 및 모범답안

一. 听力

第一部分

1. B   2. C   3. D   4. D   5. A
6. C   7. D   8. A   9. D   10. A

第二部分

11. A   12. B   13. B   14. D   15. B
16. B   17. B   18. A   19. B   20. A

第三部分

21. B   22. A   23. D   24. A   25. B
26. B   27. C   28. B   29. B   30. C
31. C   32. A   33. D   34. C   35. A

第四部分

36. D   37. D   38. A   39. B   40. B
41. D   42. B   43. D   44. D   45. B
46. A   47. B   48. B   49. D   50. B

二. 阅读

第五部分

51. B   52. B   53. C   54. B   55. C
56. B   57. D   58. A   59. B   60. D

第六部分

61. C   62. B   63. A   64. D   65. D
66. D   67. A   68. D   69. A   70. C

第七部分

71. B   72. B   73. A   74. A   75. C
76. C   77. B   78. C   79. C   80. B
81. D   82. B   83. B   84. A   85. D

第八部分

86. A   87. D   88. B   89. B   90. B
91. A   92. D   93. D   94. C   95. A
96. B   97. D   98. A   99. D   100. D

A, B, C, D 중 사진을 근거로 정답을 선택하세요.

예시 1  01

A 这个孩子在等汽车。	A 이 아이는 차를 기다리고 있다.
B 这个孩子在踢足球。	B 이 아이는 축구를 하고 있다.
C 这个孩子在打电话。	C 이 아이는 전화를 하고 있다.
D 这个孩子在吃东西。	D 이 아이는 음식을 먹고 있다.

해설 아이가 수화기를 들고 있는 것을 볼 수 있다. 따라서 정답은 C 这个孩子在打电话。(이 아이는 전화를 하고 있다.)이다.

1. 02

A 你可以在这里买自行车。	A 당신은 여기서 자전거를 살 수 있다.
B 你可以在这里租自行车。	B 당신은 여기서 자전거를 빌릴 수 있다.
C 你的自行车坏了可以来这里修。	C 당신의 자전거가 고장나면 여기서 수리할 수 있다.
D 这里可以报名旅游。	D 여기서 여행 신청을 할 수 있다.

해설 위 사진의 간판에 쓰여 있는 "**悠游单车出租**(편안한 자전거를 빌려드립니다)"의 의미를 파악했다면 정답 B **你可以在这里租自行车**。(당신은 여기에서 자전거를 빌릴 수 있다.)를 선택할 수 있다.

단어 **租** zū [동] 빌(리)다 ㅣ **修** xiū [동] 수리하다 ㅣ **报名** bào//míng [동] 신청하다

2. 

<table>
<tr><td>

A 三个人在一起跑步。
B 三个人在一起看报。
C 中间的人被抱着。
D 中间的人看上去很高兴。

</td><td>

A 세 명이 같이 뛰고 있다.
B 세 명이 같이 신문을 보고 있다.
C 중간에 있는 사람은 안겨있다.
D 중간에 있는 사람은 매우 즐거워 보인다.

</td></tr>
</table>

해설 위 사진의 가운데 사람이 안겨있는 것을 볼 수 있다. 정답은 C **中间的人被抱着**。(중간에 있는 사람은 안겨있다.)이다.

단어 **抱** bào [동] 안다, 포옹하다 ㅣ **看上去** kàn shàngqù 보아하니 ~하다

3. 

<table>
<tr><td>

A 警察在给司机看病。
B 司机在向路人问路。
C 司机在修理汽车。
D 交通警察在和司机说话。

</td><td>

A 경찰이 운전자를 진료하고 있다.
B 운전자가 행인에게 길을 묻고 있다.
C 운전자가 차를 수리하고 있다.
D 교통경찰이 운전자와 이야기를 하고 있다.

</td></tr>
</table>

해설 위 사진은 경찰이 택시기사와 이야기를 나누는 장면이다. 정답은 D **交通警察在和司机说话**。(교통경찰이 운전자와 이야기를 하고 있다.)이다.

단어 **警察** jǐngchá [명] 경찰 ㅣ **修理** xiūlǐ [동] 수리하다

4. 

A 两条船停泊在河上。

B 两条船停泊在路上。

C 两条船停泊在水上。

D 两条船停泊在岸上。

A 배 두 척이 강에 정박해 있다.

B 배 두 척이 길에 정박해 있다.

C 배 두 척이 물에 정박해 있다.

D 배 두 척이 물가에 정박해 있다.

해설 위 사진은 배 두 척이 물가에 정박해 있는 장면이다. 정답은 D **两条船停泊在岸上。**(배 두 척이 물가에 정박해 있다.)이다. **A 两条船停泊在河上。**(배 두 척이 강에 정박해 있다.)와 혼동되기 쉬운데 사진을 봤을 때 모래사장으로 보이는 곳에 정박해 있으므로 A는 답이 될 수 없다.

단어 停泊 tíngbó [동] 정박하다, (배가 부두에) 머물다 │ 岸 àn [명] 언덕, (강)기슭

条 tiáo [양] 가늘고 긴 것, 혹은 가늘고 긴 느낌이 있는 유형·무형의 것

5. 

A 今天是个雨天。

B 今天是个阴天。

C 今天是个雪天。

D 今天是个晴天。

A 오늘은 비가 내린다.

B 오늘은 흐리다.

C 오늘은 눈이 내린다.

D 오늘은 맑다.

해설 위 사진의 사람들이 모두 우산을 쓰고 있는 것으로 보아 비가 오는 날씨이다. 정답은 A **今天是个雨天。**(오늘은 비가 내린다.)이다. 사람들이 반팔을 입은 것으로 보아 여름임을 알 수 있으므로 C **今天是个雪天。**(오늘은 눈이 내린다.)는 답이 될 수 없다.

단어 阴天 yīntiān 흐린 하늘, 흐린 날씨 │ 晴天 qíngtiān 맑게 갠 하늘, 맑은 날씨

6. 

<table>
<tr><td>

A 这趟车的车牌号码是761。

B 这趟车的终点站不是市政府。

C 坐这趟车可以到市政府。

D 这趟车的电话号码是96977。

</td><td>

A 이 차의 차량번호는 761이다.

B 이 차의 종점은 시청이 아니다.

C 이 차를 타면 시청에 도착할 수 있다.

D 이 차의 전화번호는 96977이다.

</td></tr>
</table>

해설 위 사진의 버스 노선 번호는 761번이고, 96977은 번호판의 숫자이다. "**市政府**(시청)"이 종점인 버스이다. 정답은 C **坐这趟车可以到市政府**。(이 차를 타면 시청에 도착할 수 있다.)이다. 차량번호는 "96977"이므로 A는 오답이다. 차의 앞쪽 상면에 "**市政府**"가 쓰여 있으므로 종점임을 알 수 있고 따라서 B는 오답이 된다. D에서 "96977"은 차량 번호판의 숫자이고, 전화 번호는 나와있지 않으므로 오답이다.

단어 **趟** tàng [양] 편, 번, 차례 [정기적인 교통 수단의 운행 횟수를 세는 데 쓰임] ㅣ **车牌** chēpái [명] 차량 번호판

终点 zhōngdiǎn [명] 종점 ㅣ **市政府** shìzhèngfǔ [명] 시청

7. 

<table>
<tr><td>

A 老师在监考。

B 这是一堂数学课。

C 学生们在吃午饭。

D 老师在给学生们讲课。

</td><td>

A 선생님은 시험 감독을 하고 있다.

B 이 수업은 수학 수업이다.

C 학생들은 점심을 먹고 있다.

D 선생님은 학생들에게 수업을 하고 있다.

</td></tr>
</table>

해설 위 사진은 선생님이 수업을 하고 있는 장면이다. 정답은 D **老师在给学生们讲课**。(선생님은 학생들에게 수업을 하고 있다.)이다.

단어 **监考** jiān//kǎo [동] 시험을 감독하다 ㅣ **讲课** jiǎng//kè [동] 강의하다 ㅣ **堂** táng [양] 시간, 회

8. 

<table>
<tr><td>A 这是旅馆广告。</td><td>A 이것은 숙박 광고이다.</td></tr>
<tr><td>B 这是招生广告。</td><td>B 이것은 신입생 모집 광고이다.</td></tr>
<tr><td>C 这是房地产广告。</td><td>C 이것은 부동산 광고이다.</td></tr>
<tr><td>D 这是房屋出租广告。</td><td>D 이것은 임대주택 광고이다.</td></tr>
</table>

해설 위 사진은 여관 알림 표지판이다. 표지판의 "**启飞旅馆**"은 여관 이름이고, "**总有一间适合您**"이란 말은 "당신에게 맞는 방이 있을 겁니다"라는 뜻이다. 그러므로 정답은 **A 这是旅馆广告。** (이것은 숙박 광고이다.)이다.

단어 **旅馆** lǚguǎn [명] 여관의 통칭 ㅣ **招生** zhāo//shēng [동] (학교가) 신입생을 모집하다 ['**招考新生**'의 준말]
房地产 fángdìchǎn [명] (토지 · 가옥 따위의) 부동산

9. 

<table>
<tr><td>A 这家工厂真大！</td><td>A 공장이 매우 크다!</td></tr>
<tr><td>B 这个羽毛球场真大！</td><td>B 배드민턴장이 매우 크다!</td></tr>
<tr><td>C 这个游泳馆真大！</td><td>C 실내수영장이 매우 크다!</td></tr>
<tr><td>D 这块儿操场真大！</td><td>D 운동장이 매우 크다!</td></tr>
</table>

해설 위의 사진은 운동장을 찍은 것이다. 사진과 가장 적합한 답은 **D 这块儿操场真大！** (운동장이 매우 크다!)이다.

단어 **羽毛球场** yǔmáoqiúchǎng [명] 배드민턴장 ㅣ **游泳馆** yóuyǒngguǎn [명] 실내수영장
操场 cāochǎng [명] 운동장 ㅣ **块(儿)** kuài(r) [양] 조각, 장(조각이나 납작한 물건을 세는 단위)

A 打这两个电话可以商量转让的事情。
B 想买东西可以打这两个电话。
C 想租公寓可以打这两个电话。
D 想住酒店可以打这两个电话。

A 이 두 개의 번호로 전화하면 양도에 대한 사항을 상담할 수 있다.
B 물건을 사고 싶다면 이 두 개의 전화로 전화하면 됩니다.
C 아파트를 빌리고 싶다면 이 두 개의 전화로 전화하면 됩니다.
D 호텔에 묵고 싶다면 이 두 개의 전화로 전화하면 됩니다.

해설 위 사진의 유리에 붙어있는 안내문에 쓰여 있는 "**转让**"은 "양도하다, 매각하다"의 뜻이다. 두 줄의 숫자는 전화번호를 의미한다. 따라서 정답은 A **打两个电话可以商量转让的事情。** (이 두 개의 번호로 전화하면 양도에 대한 사항을 상담할 수 있다.)이다.

단어 **转让** zhuǎnràng [동] (물건이나 권리를) 넘겨주다, 양도하다 ㅣ **公寓** gōngyù [명] 아파트

A, B, C, D 중 올바른 문장을 선택하여 대화를 완성하세요.

예시 1 

你们是韩国人吗？	당신들은 한국인입니까？
A 是，都我们是韩国人。	A 네, 모두 우리는 한국인입니다.
B 是，我们是都韩国人。	B 네, 우리는 모두 한국인입니다.
C 是，我们都是韩国人。	C 네, 우리 모두 한국인입니다.
D 是，我们韩国人都是。	D 네, 우리 한국인 모두 입니다.

해설 범위 부사 "**都**"는 문장에서 부사어의 역할을 하여, 술어 "**是**" 앞에 위치해야 하며, 주어 "**我们**" 뒤에 위치해야 한다.

11.

我们骑自行车去公园吧？	우리는 자전거를 타고 공원에 가는 거지？
A 天气太热，还是打车吧。	A 날씨가 너무 더우니, 그냥 택시 타고 가자.
B 天气太冷，多穿衣服。	B 날씨가 너무 추우니, 옷 좀 더 입어.
C 好啊，今天正好想看电影。	C 좋지, 오늘 마침 영화를 보고 싶었어.
D 好的，我听你的，明天去吧。	D 알았어, 네 말대로 내일 가자.

해설 여자가 "**我们骑自行车去公园吧？**(자전거를 타고 공원에 가는거지?)" 라는 물음은 A **天气太热，还是打车吧。**(날씨가 너무 더우니, 그냥 택시 타고 가자.)라는 말이 가장 어울린다. 여기서 "**打车**"는 '택시를 잡다'라는 의미이다. 11번부터의 문제는 순발력이 요구된다. 정확히 듣고, 알맞은 정답을 고르는 연습을 충분히 하자.

단어 打车 dǎ//chē [동] 택시를 타다

12.

你的脸色怎么这么难看？	너 안색이 왜 이렇게 안 좋아？
A 我也不喜欢这个颜色。	A 나도 이 색상 안 좋아해.
B 闹肚子了。	B 배탈났어.
C 穿了很久了，褪色了。	C 오래 입어서 색이 바랬어.
D 我觉得不难看很漂亮。	D 내 생각엔 나쁘지 않고 예뻐 보이는데.

해설 가장 알맞은 답은 B **闹肚子了。**(배탈났어.)이다. A의 "**脸色**[liǎnsè] 안색"은 "**颜色**[yánsè] 색"의 발음이 비슷하여 혼동을 줄 수 있는 오답이다. D에서는 앞 대화에서 나온 "**难看**"이 그대로 나와서 오답을 유도하므로 주의해야 한다.

단어 难看 nánkàn [형] 보기 싫다, 흉하다 ｜ 闹肚子 nào dùzi 배탈이 나다 ｜ 褪色 tuì//sè [동] 퇴색하다, 색이 [빛이] 바래다

13. 🎧15

<table>
<tr><td>

你把传真发过去了吗？

A　不是真的。
B　还没有，现在就发。
C　88267761。
D　是真的。

</td><td>

너 팩스 보냈어?

A　진짜가 아니야.
B　아직, 지금 보낼게.
C　88267761이야.
D　진짜야.

</td></tr>
</table>

해설 여자의 물음에 가장 적절한 대답은 B 还没有，现在就发。(아직, 지금 보낼게.)이다. "发过去"에서 "过去"는 보어로서 사람이나 사물이 동작에 따라서 다른 곳으로 움직일 때 사용한다. A와 D의 真은 앞 대화에서의 "传真[chuánzhēn] 팩스" 발음 중 "真"을 이용하여 오답을 유도한 것이다. C는 팩스 번호를 말하는 것으로 팩스를 보냈냐고 묻는 말에는 적절하지 않다.

단어 传真 chuánzhēn [명] 팩시밀리(facsimile), 팩스

14. 🎧16

<table>
<tr><td>

这套三室一厅的房子，多少平米？

A　600多打儿
B　四室两厅
C　700米
D　134平米

</td><td>

방 세 개 거실 하나인 이 집은 몇 평방미터예요?

A　600여개 뭉치
B　방 4개 거실 2개
C　700미터
D　134 평방미터

</td></tr>
</table>

해설 여자의 "多少平米? 몇 평방미터인가？"라는 물음에 대한 대답으로 가장 적절한 것으로는 D 134平米 (134평방미터)가 가장 어울린다. "打儿"은 "묶음, 뭉치"의 의미이고, "米"는 "미터"이고, "平米"는 "평방미터"이다. 물음에서 나온 단위는 대답으로 그대로 쓰이는 경우가 많으니 힌트로 삼으면 좋다.

단어 套 tào [양] 벌, 조, 세트

15. 🎧17

<table>
<tr>
<td>

这些样品的款式我们都很喜欢，我们都想要。

A　他们还没有到。
B　太好了。我们的设计团队很强。
C　他们已经去取款了。
D　谢谢你们的款待。

</td>
<td>

이 샘플들의 디자인은 우리가 모두 좋아하고, 원하는 것이에요.

A　그들은 아직 도착하지 않았어요.
B　잘 됐네요. 우리 디자인팀은 실력이 매우 뛰어나요.
C　그들은 이미 인출하러 갔어요.
D　여러분의 환대에 감사드립니다.

</td>
</tr>
</table>

해설　여자는 샘플의 디자인에 만족해하고 있다. 이에 어울리는 대화로는 B 太好了。我们的设计团队很强。(잘 됐네요. 우리 디자인팀은 실력이 매우 뛰어나요.)이다.

단어　样品 yàngpǐn [명] 견본(품) ｜ 款式 kuǎnshì [명] 격식, 양식, 스타일, 디자인

设计 shèjì [동][명] 설계(하다), 디자인(하다) ｜ 取款 qǔ//kuǎn [동] 돈을 찾다 [주로 예금 인출을 가리킴]

款待 kuǎndài [동] 환대하다, 정성껏 대접하다

16. 🎧18

<table>
<tr>
<td>

你们什么时候能交货？我非常担心货物迟交。

A　货物不会少的。
B　我们最晚在今年十二月或明年初交货。
C　别担心，他们已经去买了。
D　货物的质量很好，我们很满意。

</td>
<td>

그쪽에서는 언제쯤 납품이 가능하세요? 저는 물품이 늦게 납품될까 걱정됩니다.

A　물품이 부족하진 않을 거예요.
B　우리는 늦어도 올해 12월 또는 내년 초에는 납품할 거예요.
C　걱정마세요. 그들이 이미 사러 갔어요.
D　물품의 품질이 매우 좋아서 만족스럽습니다.

</td>
</tr>
</table>

해설　여자는 납품 날짜에 대해 물어보고 있다. 이에 가장 알맞은 대답은 B 我们最晚在今年十二月或明年初交货。(우리는 늦어도 올해 12월 또는 내년 초에는 납품할 거예요.)이다. 질문에서 什么时候가 나왔으니 대답에 날짜가 나올 거라는 걸 예상하고 풀면 쉽게 답을 찾을 수 있다.

단어　交货 jiāohuò [동] 물품을 인도(引渡)하다, 납품하다 ｜ 货物 huòwù [명] 물품

17. 🎧19

今天的会议大家发言都很踊跃，看来准备得很充分。

A 是的，大家都想锻炼身体。
B 是啊，我们都准备了好几天。
C 是啊，很多人报名参加长跑了。
D 明天就去和买主谈运输的问题。

오늘 회의에서 여러분들의 발언이 열띤 것으로 보아 준비가 충분했군요.

A 예, 사람들이 모두 몸을 단련하고자 합니다.
B 맞아요, 우리는 며칠동안 준비했어요.
C 맞아요, 많은 사람들이 장거리 경주에 참가 신청했어요.
D 내일 바로 가서 구매주와 운송에 관한 문제를 이야기 하겠어요.

해설 여자의 말 중 "**看来准备得很充分**"에서 구조조사 "**得**"와 정도보어 "**很充分**"은 준비한 정도가 충분한 것을 나타내고 있다. 이에 가장 어울리는 말은 B **是啊，我们都准备了好几天**。(맞아요, 우리는 며칠동안 준비했어요.)이다.

단어 踊跃 yǒngyuè [형] 열렬하다, 활기가 있다 ㅣ 锻炼 duànliàn [동] 단련하다 ㅣ 长跑 chángpǎo [명] 장거리 경주
买主 mǎizhǔ(r) [명] 살[사는] 사람, (화물 혹은 부동산 등의) 구매자 ㅣ 运输 yùnshū [동] 운수하다, 운송하다

18. 🎧20

这次任务终于完成了，我可以休假陪陪孩子了。

A 这段时间辛苦你了。
B 孩子放假了。
C 是啊，我们都爱护孩子。
D 任务的完成，离不开领导的支持。

이번 임무를 마침내 완성했어요. 나는 휴가를 내서 아이와 함께 지낼 수 있겠어요.

A 그동안 수고하셨어요.
B 아이들이 방학했어요.
C 맞아요, 우리는 모두 아이들을 소중히 여겨야 해요.
D 지도자의 지지가 있어야만 임무를 완성할 수 있다.

해설 여자의 말에서 "**这次任务终于完成了**"의 "**终于**"는 "마침내"라는 뜻으로 이 말은 오랜 시간을 거쳐 임무를 완성했다는 의미를 나타낸다. 이에 가장 알맞은 대답으로는 A **这段时间辛苦你了**。(그동안 수고하셨어요.)이다. B와 C는 앞의 대화에 나온 "**孩子**"를 이용해 오답을 유도한 것이므로 주의해야 한다. D는 앞의 대화에서 나온 "**任务终于完成了**"만 듣고 혼동할 수 있는 오답이다. 문제를 끝까지 듣고 정답을 찾아야 한다.

단어 终于 zhōngyú [부] 마침내, 결국, 끝내 ㅣ 休假 xiū//jià [동] 휴가를 내(어 쉬)다, 휴가를 보내다[지내다]
陪 péi [동] 모시다, 동반하다, 수행하다 ㅣ 放假 fàng//jià [동] 방학하다, 휴가로 쉬다
爱护 àihù [동] 소중히 여기다 ㅣ 离不开 lí bu kāi 떨어질 수 없다, 떨어지지 못하다, 없어서는 안된다
支持 zhīchí [동] 지지하다, 후원하다

19. 🎧 21

<table>
<tr><td>

我报的价格都是买主承担运费的。

A 报价需要谨慎。
B 哦，我觉得按照这个报价，卖主
　承担运费比较合理。
C 运来的话，需要好几天。
D 他们不负责运输。

</td><td>

제가 제시한 가격은 모두 구매자가 운송비를
부담하는 가격입니다.

A 견적을 낼 때는 신중해야 한다.
B 아, 내 생각에 이 견적으로는 판매자가 운
　송비를 부담하는 것이 비교적 합리적입니다.
C 운송해 오려면 한참 걸립니다.
D 그들은 운송을 책임지지 않습니다.

</td></tr>
</table>

해설 여자가 말한 "我报的价格都是买主承担运费的。"중 "的" 뒤에 생략된 것은 "价格"이다. 가장 어울리는 대답은 여자의 말을 긍정하는 B 哦，我觉得按照这个报价，卖主承担运费比较合理。(아, 내 생각에 이 견적으로는 판매자가 운송비를 부담하는 것이 비교적 합리적입니다.)이다. D 他们不负责运输。(그들은 운송을 책임지지 않습니다.)는 여자의 말에서 구매자가 운송비를 포함한 가격이라 했음으로 오답이다.

단어 承担 chéngdān [동] 담당하다, 맡다, 부담하다 ㅣ 运费 yùnfèi [명] 운임, 운송비

报价 bào//jià [동] 가격을 제시하다, 견적서를 내다 ㅣ 谨慎 jǐnshèn [형] 신중하다

20. 🎧 22

<table>
<tr><td>

会议提前了，怎么没有告诉我们？

A 在公司的网站上公布了，你以后要注
　意网站的公告。
B 对，早了一天。
C 对，就在前边。
D 不会不告诉你的，你放心吧。

</td><td>

회의가 앞당겨졌는데, 왜 우리에게 알려주지
않은 거죠?

A 회사 홈페이지에 공고했습니다. 당신은
　다음부터 홈페이지 공고에 주의해 주시길
　바랍니다.
B 맞아요, 하루 앞당겼어요.
C 맞아요, 바로 앞에 있어요.
D 당신에게 알려주지 않을리 없어요, 안심하
　세요.

</td></tr>
</table>

해설 여자는 회의가 앞당겨졌는데 알려주지 않은 상대방에게 "怎么"를 사용하여 불만을 표시하고 있다. 이에 가장 알맞은 대답으로는 A 在公司的网站上公布了，你以后要注意网站的公告。(회사 홈페이지에 공고했습니다. 당신은 다음부터 홈페이지 공고에 주의해 주시길 바랍니다.)이다. 여기서는 부정부사 "没"는 과거에 있었던 일을 부정하고, "不"는 앞으로 일어날 일을 부정한다. 앞에서 나온 대화를 통해 이미 알려주지 않았다는 것을 알 수 있고, D 不会不告诉你的，你放心吧。(당신에게 알려주지 않을리 없어요, 안심하세요.)는 앞으로 알려줄 것이란 말이므로 혼동해서는 안된다.

단어 提前 tíqián [동] (예정된 시간이나 기한을) 앞당기다 ㅣ 公布 gōngbù [동] 공포하다, 공표하다

다음 대화를 듣고 A, B, C, D 중 올바른 답을 선택하세요.

예시 1 

男: 请问留学生办公室在哪里？ 女: 六楼。不过电梯只能到七楼，你得再从七楼下一层，左边第三个房间就是。 问: 留学生办公室在几层？ A 一层　B 六层　C 七层　D 三层	남: 유학생 사무실이 어디입니까？ 여: 6층이요, 그런데 엘리베이터가 7층에서만 서니, 당신은 7층에서 한 층 내려가야 해요. 왼쪽 3번째 방입니다. 질문: 유학생 사무실은 몇 층입니까？ A 1층　B 6층　C 7층　D 3층

해설 대화에서 여자가 한 말 중 "**你得再从七楼下一层。**(7층에서 한 층 내려가야 해요.)"를 듣고 정답 B **六层**을 골라야 한다.

21.

男: 这届国际展销会是什么时候开幕的？ 女: 本届国展会是上周开幕的。 问: 本届国展会什么时候开始？ A 上上周　　　B 上周 C 这周　　　　D 下周	남: 이번 국제 전시판매회는 언제 개막했죠？ 여: 이번 국제 전시판매회는 지난주에 개막했어요. 질문: 이번 국제 전시판매회는 언제 시작하는가？ A 지지난주　　　B 지난주 C 이번 주　　　D 다음 주

해설 개막식의 시기를 묻는 남자의 대답에 여자는 "**本届国展会是上周开幕的。**"라고 대답한 것으로 보아 정답은 B **上周**(지난주)이다.

단어 届 jiè [양] 회, 기, 차　|　展销 zhǎnxiāo [동] 전시 판매(하다)　|　开幕 kāi//mù [동] 개막하다, 막을 열다

22.

女: 请问，您要兑换现金还是旅行支票？ 男: 我想兑换二百美元现金和五百美元旅行支票。 问: 他们可能是在什么地方？ A 银行　B 邮局　C 商场　D 酒店	여: 실례지만, 현금 또는 여행자 수표 중 어떤 것으로 환전하기를 원하세요？ 남: 저는 현금 200달러와 여행자 수표 500달러로 환전하기를 원합니다. 질문: 그들은 어느 장소에 있는가？ A 은행　B 우체국　C 상점　D 호텔

해설 여자의 "**兑换现金还是旅行支票**"의 "**兑换**"은 "환전"의 의미이다. 이러한 대화가 이루어지는 장소는 A **银行**(은행)이다.

단어 兑换 duìhuàn [동] 환전하다　|　支票 zhīpiào [명] 수표

女: 请问，展销会怎么出租展台呢？
男: 您可以向展销会服务中心租。每个展台的收费标准是：国内企业每平方米人民币800元；外资企业每平方米200美元，不包括广告和传单等费用。
问: 根据对话下面哪句话是错误的？

A 展销会服务中心负责出租展台
B 展台的价格不包括广告费和传单费
C 国内和外资企业都可以参会
D 展台每个人民币800元或200美元

여: 말씀 좀 물을게요, 전시 판매회에서 부스를 어떻게 임대하죠?
남: 당신은 전시 판매회 고객센터에서 빌릴 수 있습니다. 각 부스의 가격기준은 국내 기업일 경우 평방미터당 위안화 800위안이고, 외자기업일 경우는 평방미터당 200달러입니다. 광고와 전단지 등의 비용은 포함되지 않습니다.
질문: 대화의 내용에 근거해 아래의 문장 중 옳지 않은 것은?

A 전시 판매회 고객센터는 부스 임대를 책임진다
C 부스의 가격은 광고비와 전단비용을 포함하지 않는다
C 국내와 외자기업은 모두 참가 가능하다
D 부스는 대당 800위안 또는 200달러이다

해설 정답은 D 展台每个人民币800元或200美元(부스는 대당 800위안 또는 200달러이다)이다. 위 대화 중 "**国内企业每平方米人民币800元；外资企业每平方米200美元**"을 통해 평방미터당 800위안 혹은 200달러이지, 부스 하나가 800위안 또는 200달러는 아님을 알 수 있다.

단어 **展台 zhǎntái** [명] 전시대, 진열대 ㅣ **外资 wàizī** [명] 외자 ㅣ **传单 chuándān** [명] 전단

女: 安德森先生，您对我们公司生产的服装有什么印象？
男: 印象非常好。贵公司生产的服装既美观又大方，很有中国特色。
问: 男的觉得女的公司的服装怎么样？

A 美观大方，有中国风格
B 美观，但是不大方
C 美观大方，具有欧美风格
D 大方，但是没有中国特色

여: 앤더슨씨, 우리 회사에서 만든 옷에 대한 인상이 어떤가요?
남: 인상이 매우 좋아요. 귀사가 생산한 옷은 아름답고 세련되고, 중국의 특색이 있어요.
질문: 남자는 여자 회사의 옷에 대해 어떻게 생각하는가?

A 아름답고 세련되고, 중국 스타일이다
B 아름답지만 세련되지는 않았다
C 아름답고 세련되고, 서구 스타일이다
D 세련되지만 중국의 특색은 없다

해설 정답은 A 美观大方，有中国风格(아름답고 세련되고, 중국 스타일이다)이다. B는 "**大方**"을 부정하여서 오답이다. C는 서구 스타일이라고 해서 오답이고, D는 중국의 특색이 없다고 하였으므로 오답이다.

단어 **美观 měiguān** [형] (장식·외관 따위가) 보기 좋다, 아름답다
大方 dàfang [형] 1. (스타일·색상 등이) 세련되다, 고상하다, 우아하다 2. (언행이) 시원시원하다, 대범하다 3. 인색하지 않다

25. 🎧28

男：您看我们的产品还需要哪些改进？
女：贵公司的服装质量是第一流的，不过如果你们要想打进欧美市场，还需要用欧美消费者喜欢的面料、花样和款式。
问：女的觉得男的公司的产品需要从哪方面改进？

A 质量　　B 款式　　C 做工　　D 价格

남: 당신이 보기에 우리 제품에 어떤 점을 고쳐야 할까요?
여: 귀사의 옷 품질은 일류입니다. 그러나 만약 당신이 구미 시장에 진출하려면, 구미 소비자들이 좋아하는 옷감, 무늬, 디자인을 사용해야 합니다.
질문: 여자는 남자 회사 제품의 어떤 점을 고쳐야 한다고 생각하는가?

A 품질　　B 스타일　　C 솜씨　　D 가격

해설 여자는 상품의 품질에 대한 칭찬을 한 뒤에 "还需要用欧美消费者喜欢的面料、花样和款式。(구미 소비자들이 좋아하는 옷감, 무늬, 디자인을 사용해야 합니다.)"라고 조언을 하고 있다. 고쳐야 할 점인 "面料、花样、款式"에 대해 이야기하고 있으므로, 정답은 "面料、花样、款式" 중 보기에 나와있는 B 款式(스타일)이다.

단어 欧美 Ōu Měi [명] (지리)구미, 유럽과 아메리카 ǀ 面料 miànliào [명] 옷감 [면직·모직물과 화학 섬유를 모두 말함]

花样 huāyàng(r) [명] 무늬, 양식, 모양새, 디자인, 종류 ǀ 款式 kuǎnshì [명] 격식, 스타일, 디자인

做工 zuògōng [명] 가공 기술, 솜씨

26. 🎧29

女：对于我们的订货价格和要求，贵公司是怎么考虑的？
男：我方同意你们的价格。不过您要知道，我们在这桩生意上几乎没有什么利润。
问：男的是什么意思？

A 这笔生意可以赚很多钱
B 这笔生意赚不了多少钱
C 这笔生意要赔很多钱
D 这笔生意要赔一点儿钱

여: 우리가 주문한 물건 가격과 요구에 대해 귀사는 어떻게 생각하고 계십니까?
남: 우리는 당신들의 가격에 대해 동의하지만, 우리는 이번 거래에서 이윤이 거의 남지 않는다는 것을 아셔야 합니다.
질문: 남자가 의미하는 것은?

A 이 거래는 많은 돈을 벌 수 있다
B 이 거래는 많은 돈을 벌 수 없다
C 이 거래는 많은 돈을 보상해야 한다
D 이 거래는 돈을 좀 보상해야 한다

해설 남자의 "我们在这桩生意上几乎没有什么利润。(우리는 이번 거래에서 이윤이 거의 남지 않는다.)"라는 말로 보아 정답은 B 这笔生意赚不了多少钱(이 거래는 많은 돈을 벌 수 없다)"이다.

단어 订货 dìng//huò [동] (물품을) 주문하다, 발주하다 [명] 주문 상품, 주문할 물건

桩 zhuāng [양] 건(件), 가지 [사건이나 일을 세는 데 쓰임] ǀ 利润 lìrùn [명] 이윤

笔 bǐ [양] 몫, 건 [돈이나 그와 관련된 것에 쓰임] ǀ 赔 péi [동] 배상하다 ǀ 赚 zhuàn [동] 벌다, 이윤을 얻다

女: 我们可以考虑先订1000套试销一下儿，然后作个市场调查，如果销路好，我们下次一定多订。
男: 很抱歉，我们的起订量是5000套，如果只订1000套，我们的出口成本费用就太高了。
问: 女的应该最少订多少套？

A 1000　　B 2000　　C 5000　　D 4000

여: 우리는 우선 1000세트를 시판해 보고, 시장 조사를 한 다음 만약 판매가 잘 되면 더 많이 주문을 하려고 합니다.
남: 죄송합니다. 우리의 최소 주문량은 5000세트입니다. 만약 1000세트만 주문하시면 수출 원가가 너무 비싸집니다.
질문: 여자는 최소 얼마를 주문해야 하는가?

A 1000　　B 2000　　C 5000　　D 4000

해설　여자는 처음에 1000세트를 주문하려 하였으나 남자가 "**我们的起订量是5000套，如果只订1000套，我们的出口成本费用就太高了。**(우리의 최소 주문량은 5000세트입니다. 만약 1000세트만 주문하시면 수출 자본금이 너무 비싸집니다.)"라고 하였다. 그 중 "**我们的起订量是5000套**"의 말로 보아 최소 주문량은 C 5000이다.

단어　**试销 shìxiāo** [동] (새 상품을) 시험판매하다 ㅣ **调查 diàochá** [동] 조사하다 ㅣ **销路 xiāolù** [명] (상품의) 판로
抱歉 bào//qiàn [동] 미안하게 생각하다, 미안해하다 ㅣ **起订量 qǐdìngliàng** [명] 기본주문량
出口 chū//kǒu [동] 수출하다 ㅣ **成本 chéngběn** [명] (경제) 원가, 자본금, 생산비
套 tào [양] (~儿) 벌, 조, 일식(一式), 세트

男: 后天的露天展会准备好了吧，那天的天气情况怎么样？
女: 天气预报说明天是阴天，后天转晴，降水概率是百分之十五。
问: 后天的天气情况怎么样？

A 阴天　　B 晴天　　C 下雪　　D 下雨

남: 모레 있을 야외 전람회 준비는 다 된 거죠? 그 날 날씨는 어때요?
여: 일기예보에서는 내일은 흐리고, 모레는 맑아진답니다. 비 올 확률은 15%라고 하더라고요.
질문: 모레의 날씨는 어떠한가?

A 흐림　　B 맑음　　C 눈　　D 비

해설　여자의 "**后天转晴**(모레는 맑아짐)"이란 말로 보아 모레의 날씨는 B 晴天(맑음)이다.

단어　**露天 lùtiān** [명] 옥외(屋外), 노천 ㅣ **转晴 zhuǎnqíng** [동] 날이 개다, 흐린 날씨에서 맑아지다
降水 jiàngshuǐ [명] 강수 ㅣ **概率 gàilǜ** [명] 확률

29. 🎧 32

<table>
<tr>
<td>

女: 如果买两个，就可以得到我们的买二
送一的优惠。
男: 哦，可是我只需要一个。
问: 男的如果买五个可以免费得到几个？

A 1个　　B 2个　　C 3个　　D 4个

</td>
<td>

여: 두 개를 사면 하나를 덤으로 드리는 혜택
을 받으실 수 있습니다.
남: 아, 그런데 전 하나면 돼요.
질문: 남자가 만약 5개를 산다면 몇 개를 무
료로 받을 수 있는가?

A 1개　　B 2개　　C 3개　　D 4개

</td>
</tr>
</table>

해설　여자의 "买二送一"라는 말은 두 개를 사면 한 개를 덤으로 주는 것을 말한다. 만약 남자가 5개를 사면 2개를 덤으로 받는 것을 추측할 수 있다. 정답은 B 2个(두 개)이다.

단어　优惠 yōuhuì [형] 특혜의

30. 🎧 33

<table>
<tr>
<td>

女: 你最近怎么老迟到，上班还没有精
神？
男: 别提了，现在我才知道新爸爸的日子
是多不容易。
问: 男的怎么了？

A 爸爸病了
B 儿子病了
C 刚做了爸爸
D 明白了自己的爸爸不容易

</td>
<td>

여: 당신 요즘 왜 계속 지각하고, 출근했는데
도 정신이 없어요？
남: 말도 말아요, 이제서야 처음으로 아빠 노
릇하는 것이 쉽지 않다는 걸 알게 됐어요.
질문: 남자는 무슨 일인가?

A 아버지가 병이 나셨다
B 아들이 병이 났다
C 이제 막 아빠가 되었다
D 자신의 아빠가 아빠 노릇하기 쉽지 않았다
는 것을 깨달았다

</td>
</tr>
</table>

해설　남자의 말 중 "现在我才知道新爸爸的日子是多不容易。(이제서야 처음으로 아빠 노릇하는 것이 쉽지 않다는 걸 알게 됐어요.)"를 통해서 남자가 이제 막 아빠가 되었다는 것을 알 수 있다. 정답은 C 刚做了爸爸(이제 막 아빠가 되었다)이다. D 明白了自己的爸爸不容易(자신의 아빠가 아빠 노릇하기 쉽지 않았다는 것을 깨달았다)는 자신이 아빠가 된 것이 쉽지 않다는 것을 알게 되었다는 것이지, 자신의 아빠가 쉽지 않았다는 것을 안 것이 아니므로 오답이다.

단어　迟到 chídào [동] 지각하다　ㅣ　精神 jīngshén [명] 정신 / jīngshen [명] 원기, 기운, 활력 [형] 활기차다

31. 🎧34

<table>
<tr><td>

女: 对不起，我买了去石家庄的高铁的一等座，可是我没有赶上车。

男: 哦，你拿着票到售票处10号口改签一下，坐下一趟车就可以了。

问: 女的接下来应该去哪里？

A 10号登机口　　　B 10站台
C 10号售票口　　　D 10号车厢

</td><td>

여: 미안합니다. 스자좡에 가는 고속철도 일등석을 샀는데 늦어서 열차를 못 탔어요.

남: 아, 표를 갖고 10번 매표소에 가서서 표를 변경하시고 다음 열차를 타시면 됩니다.

질문: 여자는 어디를 가면 되는가?

A 10번 게이트　　　B 10번 플랫폼
C 10번 매표소　　　D 10번 찻칸

</td></tr>
</table>

해설 여자는 늦어서 열차를 못 탔기 때문에 표를 바꾸려 하는데 남자가 표 변경 장소를 알려주고 있다. 남자의 말 중 "**你拿着票到售票处10号口改签一下**. (표를 갖고 10번 매표소에 가서서 표를 변경하시고 다음 열차를 타시면 됩니다.)"를 통하여 10번 매표소로 가서 표를 바꿔야 함을 알 수 있다. 정답은 C **10号售票口**(10번 매표소)이다.

단어 **石家庄** Shíjiāzhuāng [고유] 스자좡(석가장) [허베이성(河北省)의 성도] ㅣ **赶** gǎn [동] (열차·버스 따위의 시간에) 대다
车厢 chēxiāng [명] (열차·자동차 등의 사람·물건을 싣는) 객실, 화물칸, 찻칸

32. 🎧35

<table>
<tr><td>

女: 请打开一下您的行李，里面好像有一支打火机，按照规定打火机不可以放到随机行李里。

男: 哦，对不起，我忘记拿出来了。

问: 这个对话可能发生在哪里？

A 机场　　　　　B 火车站
C 长途汽车站　　D 手机店

</td><td>

여: 당신의 짐을 좀 열어주세요. 안에 라이터가 있는 것 같은데, 규정에 의하면 라이터는 비행기 수하물에 넣을 수 없습니다.

남: 아, 죄송합니다. 제가 꺼내는 것을 잊었네요.

질문: 이 대화는 어디에서 일어나는 것인가?

A 공항　　　　　　　B 기차역
C 장거리버스 터미널　D 핸드폰가게

</td></tr>
</table>

해설 여자의 "**按照规定打火机不可以放到随机行李里**. (규정에 의하면 라이터는 비행기 수하물에 넣을 수 없습니다.)"의 말에서 "**随机行李**(비행기 수하물)"을 듣고 힌트를 얻어 대화가 이루어지는 장소는 A **机场**(공항)임을 알 수 있다.

단어 **打火机** dǎhuǒjī [명] 라이터 ㅣ **随机** suíjī 비행기에 가져가다

33. 🎧36

<table>
<tr><td>

男: 最近怎么没见你们部门的小王，他辞职了吗？

女: 他休假了几天，这不，说曹操曹操到。

问: 根据对话可以知道，小王：

A 辞职了　　　　B 跳槽了
C 喜欢曹操　　　D 正好来了

</td><td>

남: 최근에 어째서 너네 부서 샤오왕이 안 보이지? 그 사람 퇴사했어?

여: 며칠 휴가 갔었어, 누가 아니라니, 호랑이도 제 말 하면 온다더니 저기 온다.

질문: 대화에 의하면 샤오왕은:

A 사직하였다　　　　B 직업을 바꿨다
C 조조를 좋아하다　　D 막 왔다

</td></tr>
</table>

해설 여자의 말 "**这不，说曹操曹操到。**(누가 아니라니, 호랑이도 제 말 하면 온다더니 저기 온다.)"에 의하면 샤오왕에 대해서 말하자마자 샤오왕이 왔음을 알 수 있다. 정답은 D **正好来了**(막 왔다)이다. 남자의 질문에서 "**辞职**"가 등장하였지만, 여자의 대답에서 **休假**가 나온 것으로 보아 A는 사실이 아님을 알 수 있다. B **跳槽了**는 '직업을 바꾸다'라는 뜻인데 직업을 바꾼 것은 아니니 오답이다. C **喜欢曹操**는 앞서 등장한 "曹操"의 단어를 사용하여 오답을 유도한 것이다.

단어 辞职 cí//zhí [동] 사직하다 | 说曹操曹操到 shuō Cáo Cāo Cáo Cāo dào 호랑이도 제 말하면 온다

跳槽 tiào//cáo [동] 부서나 직장을 옮기다

34. 🎧37

<table>
<tr><td>

男: 你好！我现在要退房。

女: 好的，您使用房间的电话打过一个长途，话费为三块两毛钱，请交一下。

问: 对话中的三块两毛钱是什么？

A 房费　　　　B 小费
C 电话费　　　D 罚款

</td><td>

남: 안녕하세요, 체크아웃하려고 하는데요.

여: 네, 객실의 전화로 장거리 통화하셨네요. 통화료는 3.2위안입니다. 지불해 주세요.

질문: 대화 중의 3.2위안은 무엇인가?

A 숙박비　　　　B 봉사료
C 통화료　　　　D 벌금

</td></tr>
</table>

해설 여자의 말 중 "**您使用房间的电话打过一个长途，话费为三块两毛钱。**(객실의 전화로 장거리 통화하셨네요. 통화료는 3.2위안입니다.)"를 통해 3.2위안은 통화료를 뜻함을 알 수 있다. 정답은 C **电话费**이다. 대화에서 "**电话**"나 "**话费**"를 들었다면 쉽게 정답을 맞출 수 있다.

단어 退房 tuì//fáng [동] 집을 반환하다[내주다], 퇴거하다 | 长途 chángtú [명] 장거리, 먼 길

交 jiāo [동] 넘기다, 지불하다

35.

女: 这么点儿路，怎么14块钱啊？我觉得
　　还不到起步价呢。

男: 你还不知道吧，上个星期开始北京的
　　出租车起步价由10块涨成13块了，必
　　须再加1块钱的燃油附加费。

问: 在北京坐出租车最少要付多少钱？

A 14块　　B 13块　　C 1块　　D 10块

여: 이렇게 짧은 거리가 어떻게 14위안이에
　　요? 내 생각에 기본 요금도 안 나올 것 같
　　은데요.

남: 손님이 모르시나 본데요, 저번 주부터 베
　　이징 택시 기본요금이 10위안에서 13위안
　　으로 올랐고요, 반드시 1위안의 유류 할
　　증료도 붙여야 해요.

질문: 베이징 택시는 최저 요금이 얼마인가?

A 14위안　 B 13위안　 C 1위안　 D 10위안

해설 남자의 말 중에서 "上个星期开始北京的出租车起步价由10块涨成13块了，必须再加1块钱的燃油附加费。(저번 주부
터 베이징 택시 기본요금이 10위안에서 13위안으로 올랐고요, 반드시 1위안의 유료 할증료도 붙여야 해요.)"를 통해서 기본
요금이 13위안이고, 유류 할증료가 "1위안" 임을 알 수 있고 이 둘을 합친 금액인 14위안이 베이징 택시의 최저 요금임을 알
수 있다.

다음 문장을 듣고 A, B, C, D 중 정답을 선택하세요. 단문 혹은 장문의 대화를 들으면서 문제를 보세요. 각 문장에는 1개에서 5개의 문제가 있습니다. A, B, C, D에서 알맞은 답을 고르세요.

예시 1 

我们学校里有一个小卖部。小卖部里边卖生活用品、食品，还卖信纸、信封、邮票。有这个小卖部我们觉得很方便，买些小东西我们就不用出校门了。这个小卖部早上8点开门，晚上8点半关门。	우리 학교에는 작은 매점이 있다. 작은 매점에서는 생필품, 식품을 팔고, 편지지, 편지 봉투, 우표도 판다. 이 작은 매점이 있어서 우리는 참 편리하다. 이런 작은 물건을 살 때 교문을 나갈 필요가 없다. 매점은 아침 8시에 문을 열어서 저녁 8시 반에 문을 닫는다.

단어　小卖部 xiǎomàibù [명] 매점 ｜ 信纸 xìnzhǐ [명] 편지지 ｜ 信封 xìnfēng(r) [명] 편지봉투

　　　邮票 yóupiào [명] 우표 ｜ 方便 fāngbiàn [형] 편리하다 ｜ 关门 guān//mén [동] 문을 닫다

1.

短文中没有说到什么东西？ A 生活用品　　　B 书 C 食品　　　　　D 邮票	문장에서 말하지 않은 것은? A 생활 용품　　　B 책 C 식품　　　　　D 우표

해설　첫 번째 문제의 알맞은 답은 B이다. 문장에서 "**小卖部里边卖生活用品、食品，还卖信纸、信封、邮票。**(작은 매점 안에는 생필품, 식품을 팔고, 편지지, 편지 봉투, 우표도 판다.)"를 통하여 언급하지 않은 것은 B 书(책)임을 알 수 있다.

2.

这里的 "关门" 是什么意思？ A 关上门 B 商店不能开门 C 晚上不能开门 D 停止营业	여기에서 "문 닫다"는 무슨 뜻인가? A 문을 닫다 B 상점은 문을 열 수가 없다 C 저녁에 문을 열 수가 없다 D 영업을 멈추다

해설　두 번째 문제의 알맞은 답은 D이다. "**这个小卖部早上8点开门，晚上8点半关门。**(매점은 아침 8시에 문을 열어서 저녁 8시 반에 문을 닫는다.)"에서의 "**关门**"의 뜻은 D 停止营业(영업을 멈추다)이다. "**关门**"이 "폐업하다"라는 뜻도 있기 때문에 A 关上门(문을 닫다)와 혼동할 수도 있지만, 여기에서는 "영업을 멈추다"라는 표현이 더 옳다.

各位旅客请注意，您乘坐的飞往北京的CA8158次航班现在开始登机，请您从22号登机口上飞机。乘坐飞往北京的CA8158次航班的张晨旅客请注意，您乘坐的航班马上就要起飞了，请您速到22号登机口上飞机。

乘坐本次航班的人应该去哪里登机？

A CA8158登机口　　B 8158登机口

C 张晨家　　D 22号登机口

승객 여러분들은 주의해 주십시오, 여러분이 탑승할 베이징으로 향하는 CA8158편 비행기는 지금 탑승을 시작했습니다. 22번 탑승구에서 탑승해 주십시오. 베이징으로 향하는 CA8158편을 타시는 장천 승객분은 주의해주십시오, 타시려는 항공편이 곧 이륙할 예정이니 22번 탑승구에 오셔서 탑승해 주십시오,

본 항공편을 탑승할 사람은 몇 번 탑승구로 가야 하는가?

A CA8158 탑승구　　B 8158 탑승구

C 장천네 집　　D 22번 탑승구

해설　녹음 중 "您乘坐的飞往北京的CA8158次航班现在开始登机，请您从22号登机口上飞机。"를 들었다면 본 항공편을 탑승할 사람은 22번 탑승구로 가야함을 알 수 있다. 정답은 D 22号登机口(22번 탑승구)이다.

단어　旅客 lǚkè [명] 여행객　Ｉ　乘 chéng [동] 타다

航班 hángbān [명] 운항편, 항공편　Ｉ　登机 dēng//jī [동] (비행기에) 탑승하다

起飞 qǐfēi [동] (비행기가) 이륙하다, 날아오르다　Ｉ　速 sù [형] 빠르다, 신속하다

乘坐飞往北京的CA8158次航班的旅客，我们抱歉地通知您，由于航空公司飞机调配的原因，起飞时间推后到8：30分，我们谨代表航空公司对您表示歉意。

这次航班延误的原因是什么？

A 飞机出现故障　　B 天气原因

C 交通管制　　D 飞机调配

베이징으로 향하는 CA8158편 승객 여러분께 죄송스러운 말씀 전합니다. 항공사의 비행기 이동 배치로 인하여 이륙시간이 8시 30분으로 지연되었습니다. 저희는 항공사를 대신하여 승객분들께 정중히 사과드립니다.

이번 항공편이 지연된 원인은 무엇인가?

A 비행기가 고장 났다　　B 날씨 원인

C 교통 단속　　D 비행기 이동배치

해설　녹음 중 "由于航空公司飞机调配的原因(항공사의 비행기 이동 배치로 인하여)"란 말을 통해서 지연된 원인은 D 飞机调配(비행기 이동배치)임을 알 수 있다. "由于"는 '~때문에 ~으로 인하여'란 뜻의 접속사로 뒤에 원인이나 이유가 온다.

단어　调配 diàopèi [동] 이동시켜 배치하다, 할당하다　Ｉ　推后 tuīhòu 뒤로 미루다, 늦추다

谨 jǐn [부] 공손히, 정중히, 삼가 [형] 신중하다, 조심스럽다　Ｉ　歉意 qiànyì [명] 유감의 뜻, 유감스러운 마음

[38~39] 🎧 42

上海交通广播通过FM105.7和中波648千赫，双频播出，强大的发射功率可以有效覆盖上海及周边江苏浙江部分城市地区。上海交通广播，至今已有20年的历史，是一个为驾车人士、出租车司机等移动人群所熟知、喜爱的广播电台。受众面比较广，您在上海交通广播，播寻人启事应该是很有效果的。

상하이 교통 방송은 FM105.7과 중파 648kHz를 통하여 두 개의 주파수에서 방송해 드리며, 강한 송신률로 상하이 및 주변 쑤저우, 저장 부분 도시에 효과적으로 도달할 수 있습니다. 상하이 교통 방송은 오늘날까지 20년의 역사를 갖고 있으며 운전자 분들과 택시 운전자 분들에게 익숙하고, 사랑 받는 라디오 방송국입니다. 청취자가 비교적 많아, 상하이 교통 방송에서 구인 방송을 하면 매우 효과적일 것입니다.

단어　**中波** zhōngbō [명] (통신) 중파　ㅣ　**千赫** qiānhè [명] 킬로헤르츠(kHz)　ㅣ　**发射** fāshè [동] 보내다, 방출하다

功率 gōnglǜ [명] (물리) 공률(工率), 출력　ㅣ　**覆盖** fùgài [동] 가리다, 덮다　ㅣ　**广播** guǎngbō [동] 방송하다

驾车 jiàchē 차를 몰다　ㅣ　**熟知** shúzhī [동] 숙지하다, 익히 알다　ㅣ　**启事** qǐshì [명] 공고, 광고

38. 🎧 43

如果现在是2014年，上海交通广播应该是哪年建立的?

A　1994年　　　　B　1628年
C　1980年　　　　D　1920年

만약 지금이 2014년이라면, 상하이 교통 방송은 몇 년도에 건립되었는가?

A　1994년　　　　B　1628년
C　1980년　　　　D　1920년

해설　녹음 중 "**上海交通广播，至今已有20年的历史**(상하이 교통 방송은 오늘날까지 20년의 역사를 갖고 있으며)"란 말을 통해서 역사가 20년이 된 것을 알 수 있다. 현재가 2014년이라면 20년 전인 "**1994年**"이 정답임을 알 수 있다.

39. 🎧 44

根据录音哪里听不到上海交通广播?

A　上海　　　B　江西　　　C　江苏　　　D　浙江

녹음에 따르면 상하이 교통 방송을 들을 수 없는 곳은?

A　상하이　　　B　장시　　　C　장쑤　　　D　저장

해설　녹음 중 "**强大的发射功率可以有效覆盖上海及周边江苏浙江部分城市地区。**(강한 송신률로 상하이 및 주변 쑤저우, 저장 부분 도시에 효과적으로 도달할 수 있습니다.)"란 말을 통하여 상하이, 쑤저우, 저장 부근의 도시를 제외한 지역에서는 상하이 교통 방송을 들을 수 없음을 알 수 있다. 정답은 **B 江西**(장시)이다.

电脑考证是许多人所关心与考虑的。如要考取行业性质的职业资格认证，可参加国家劳动部门的初、中、高级证书考试。企事业单位的工作人员如要报考国家公务员，则可参加国家人事部的初、中、高级证书考试。如果要报考国家等级考试，则可考取全国计算机考试中心的一级、二级、三级、四级等级证书。如果要报考专用著名的软件公司认证考试，则可报考全球通用的如：MICROSOFT认证，AUTODESK认证，ADOBE认证等操作员、技术员、工程师级别。
总之：以上各种证书都有不同的级别。前三类证书中的较高级别的考纲中都包含计算机语言编程等，有一定的难度。

컴퓨터 자격증은 많은 사람들이 관심있고 고려하는 것이다. 만약 비즈니스 성격의 전문 자격 인증을 획득하려 한다면 국가 노동부의 초, 중, 고급 증서 시험에 참여하면 된다. 회사나 기업에 다니는 직원이 만약 국가 공무원에 지원하길 원한다면, 국가 인사부의 초, 중, 고급 증서 시험에 참가하면 된다. 만약 국가 등급 시험에 응시하려면 전국 컴퓨터 시험 센터에서 수여하는 1급, 2급, 3급, 4등급의 증서를 획득하면 된다. 만약 유명한 소프트웨어 회사의 인증 시험에 응시하려면, 세계적으로 통용되는 마이크로 소프트 인증, 오토데스크 인증, 어도비 인증 등의 운영자, 기술자, 엔지니어 등급에 합격하면 된다. 요약하자면, 이상의 각종 증서는 각각 다른 등급이 있다. 앞 3종류의 증서 중 비교적 높은 등급의 시험 요강 중에는 모두 컴퓨터 언어프로그래밍 등이 포함되어 있고, 어느 정도의 난이도가 있다.

단어　**考证 kǎozhèng** [명] 자격증　|　**认证 rènzhèng** [동] 인증하다

报考 bàokǎo [동] (시험에) 응시하다, 지원하다　|　**著名 zhùmíng** [동] 저명하다, 유명하다

软件 ruǎnjiàn [명] (컴퓨터의) 소프트웨어(software)　|　**操作 cāozuò** [동] 조작하다, (손으로) 다루다

工程师 gōngchéngshī [명] 기사, 엔지니어　|　**级别 jíbié** [명] 등급, 순위, 등급의 구별

编程 biānchéng [동] (컴퓨터의) 프로그램을 작성하다

40. 🎧 46

如果要考取行业性质的职业资格认证，可以参加什么考试？

A 国家人事部的初、中、高级证书考试
B 国家劳动部门的初、中、高级证书考试
C 全国计算机考试中心的一级、二级、三级、四级等级证书
D MICROSOFT认证、AUTODESK认证、ADOBE认证等操作员、技术员、工程师级别

만약 비즈니스 성격의 전문 자격 인증을 획득하려면 어떤 시험에 참가해야 하는가?

A 국가 인사부의 초, 중, 고급 증서 시험
B 국가 노동부의 초, 중, 고급 증서 시험
C 전국 컴퓨터 시험 센터의 1급, 2급, 3급, 4급의 등급 증서
D 마이크로소프트 인증, 오토데스크 인증, 어도비 인증 등의 운영자, 기술자, 엔지니어 등급

[해설] 녹음 중 "如要考取行业性质的职业资格认证，可参加国家劳动部门的初、中、高级证书考试。(만약 비즈니스 성격의 전문 자격 인증을 획득하려 한다면 국가 노동부의 초, 중, 고급 증서 시험에 참여하면 된다.)"를 통하여 정답은 B **国家劳动部门的初、中、高级证书考试**(국가 노동부의 초, 중, 고급 증서 시험)임을 알 수 있다.

41. 🎧 47

下面哪一项考试的较高级别的考纲中没有包含计算机语言编程？

A 国家人事部的考试
B 国家劳动部门的考试
C 全国计算机考试中心的考试
D MICROSOFT认证考试

아래 보기의 시험 중 비교적 높은 등급의 시험 요강 중에 컴퓨터 언어 프로그래밍이 포함되지 않은 것은?

A 국가 인사부의 시험
B 국가 노동부의 시험
C 전국 컴퓨터 시험 센터의 시험
D 마이크로 소프트 인증 시험

[해설] 녹음 중 "以上各种证书都有不同的级别。前三类证书中的较高级别的考纲中都包含计算机语言编程等。(위의 각종 증서는 각각 다른 등급이 있다. 앞 3종류의 증서 중 비교적 높은 등급의 시험 요강 중에는 모두 컴퓨터 언어프로그래밍 등이 포함되어 있다.)"라는 말을 통하여 정답 D **MICROSOFT认证考试**(마이크로 소프트 인증 시험)에는 컴퓨터 언어프로그래밍이 포함되어 있지 않음을 알 수 있다.

女： 你能告诉我如何使用这部提款机吗？

男： 好的。首先插入你的自动提款卡，然后输入你的个人密码。再按"输入"键。屏幕上会显示这部取款机能够提供的服务。一般情况下，你可以提取现金，转账或查询存款余额。

女： 我明白了，如果我想从我的户头上提取现金，我可以按"提取现金"键。

男： 对，你按了"提取现金"键后，屏幕上会提示你输入要提取的现金数目。之后，你需要输入你要提取的数目，然后按"输入"键。提款机会随即显示你是否需要客户通知书的字句。必须按"是"或者"否"键。提款机便会履行你的要求。

女： 提款机实在太方便了。

男： 是的，你可以在任何时候使用取款机，不论是在白天还是在晚上，即使是在银行关门后也可以。但它并不是什么都能做。它不能开户，也不能给你解决特别问题。

女： 我明白了。谢谢！

여: 너 나에게 인출기를 어떻게 사용하는지 알려줄 수 있니?

남: 좋아, 우선은 너의 자동 인출기 카드를 집어넣고, 그 후에 너의 개인 비밀 번호를 입력해. 다시 "입력" 버튼을 누르면 돼. 모니터에 인출기가 제공하는 서비스가 나타날거야. 일반적으로 현금인출이나, 계좌이체, 예금잔액 확인을 할 수 있어.

여: 이해했어. 만약에 내가 나의 계좌에서 현금을 인출하고 싶으면 "현금인출" 버튼을 누르면 되겠네.

남: 맞아. 너가 "현금 인출" 버튼을 누른 후에 모니터에는 인출하고자 하는 현금 액수를 입력하라는 글이 나타날거야. 그후에 네가 인출하려는 액수를 입력해야 하고, "입력"버튼을 누르면 돼. 인출기는 바로 거래 명세서가 필요한지 묻는 글이 나타날 거야. 반드시 "네" 또는 "아니요"를 눌러야 해. 인출기는 곧 너의 요구를 실행할거야.

여: 인출기는 정말 편리하구나.

남: 맞아. 너는 언제나 인출기를 사용할 수 있지, 낮이든 밤이든, 설사 은행이 문을 닫은 후라도 가능해. 그렇지만 모든 것을 다 할 수 있는 것은 아니야. 그것은 계좌를 개설하지도 못하고, 특별한 문제를 해결해주지는 못해.

여: 이해했어. 고마워!

단어　提款机 tíkuǎnjī 예금 인출기　┃　插入 chārù [동] 끼워 넣다, 꽂다, 삽입하다

输入 shūrù [동] (전자) 입력하다　┃　键 jiàn [명] 누름단추, 버튼

屏幕 píngmù [명] 스크린, 모니터　┃　取款 qǔkuǎn [동] 돈을 찾다. [주로 예금 인출을 가리킴]

转账 zhuǎn//zhàng [동] 대체(계정)하다, 계좌이체하다　┃　查询 cháxún [동] 조회하다, 문의하다, 알아보다

存款 cún//kuǎn [동][명] 저금(하다), 예금(하다)　┃　余额 yú'é [명] (장부상의) 잔금[잔고]

户头 hùtóu [명] 계좌　┃　履行 lǚxíng [동] 이행하다, 실행하다, 실천하다

即使 jíshǐ [접] 설령[설사] …하더라도[할지라도, 일지라도]　┃　开户 kāi//hù [동] 계좌를 개설하다

42. 🎧49

<table>
<tr><td>

如果取款的话，需要按几次 " 输入 " 键？

A 1次　　B 2次　　C 3次　　D 4次

</td><td>

인출을 하려면 "입력"버튼을 몇 번 눌러야 하는가?

A 1번　　B 2번　　C 3번　　D 4번

</td></tr>
</table>

해설 녹음에 의하면, "**输入你的个人密码。再按**"输入"**键。**(개인 비밀번호를 누른 후, "입력"버튼을 누른다.)"와 "**你需要输入你要提取的数目，然后按**"输入"**键。**(너가 필요한 금액을 누르고 "입력"버튼을 눌러야 해.)"를 통해 "입력" 버튼은 2번 눌러야 함을 알 수 있다. 정답은 **B 2次**이다.

43. 🎧50

<table>
<tr><td>

在取款机上不可以做什么？

A 提取现金　　　B 查询余额

C 转账　　　　　D 开户

</td><td>

인출기가 할 수 없는 것은?

A 현금인출　　　B 잔액조회

C 계좌이체　　　D 계좌개설

</td></tr>
</table>

해설 녹음 중 "**它不能开户，也不能给你解决特别问题。**(인출기는 계좌를 개설하지도 못하고, 특별한 문제를 해결해 주지는 못해.)"를 통해서 계좌개설과 특별한 문제의 해결은 못함을 알 수있다. 정답은 **D 开户**이다.

44. 🎧51 🎧52

　　会议记录有"记"与"录"之分。"记"又有详记与略记之别。略记是记会议大要，会议上的重要或主要言论。详记则要求记录的项目必须完备，记录的言论必须详细完整。若需要留下包括上述内容的会议记录则要靠"录"。"录"有笔录、音录和影像录几种，对会议记录而言，音录、影像录通常只是手段，最终还要将录下的内容还原成文字。笔录也常常要借助音录、影像录，以之作为记录内容最大限度地再现会议情境的保证。

音录和影像录之后，还需要做什么？

A 什么都不做　　　　B 存档
C 会议略记　　　　　D 还原成文字

　　회의 기록은 "기"와 "록"으로 나누어진다. "기"는 또 자세히 적기와 간략히 적기로 또 나뉘어진다. 간략히 적기는 회의의 대강을 적는 것으로, 회의에서 중요한 거나 주요한 발언을 적는다. 자세히 적기는 기록의 항목이 반드시 요구되며, 기록한 발언도 자세하고 완벽해야 한다. 만약 앞에서 이야기한 내용을 포함한 회의 기록을 남겨야 한다면 "록"에 의존해야 한다. "록"은 글로 기록하는 것과 소리로 기록하는 것 그리고 영상으로 기록하는 것 등의 몇 가지가 있는데, 회의 기록으로 이야기 하자면, 소리로 기록하는 것과 영상으로 기록하는 것은 주로 수단일 뿐이고, 최종적으로는 기록한 내용을 문자화시켜야 한다. 글자로 기록하는 것은 늘 소리로 기록한 것, 영상으로 기록한 것의 도움을 받아, 이를 통해 기록의 내용이 회의 상황을 최대한도로 재현할 수 있도록 하는 담보물로 삼는다.

소리와 영상으로 기록한 후에 또 무엇을 해야 할 필요가 있는가?

A 아무것도 하지 않는다　　B 보존한다
C 회의를 간략히 적는다　　D 문자로 옮긴다

해설 녹음 중 "**最终还要将录下的内容还原成文字**。(최종적으로는 기록한 내용을 문자화시켜야 한다.)"를 통해 소리와 영상으로 기록한 후에 문자로 옮겨야 함을 알 수 있다. 정답은 D **还原成文字**(문자로 옮긴다)이다.

단어 **略记** lüèjì [동] 약기하다, 간략하게 적다　ㅣ　**详记** xiángjì [동] 자세히 기록하다

　　详细 xiángxì [형] 상세하다, 자세하다　ㅣ　**完整** wánzhěng [형] 제대로 갖추어져 있다, 온전하다, 완전무결하다

　　上述 shàngshù [형] 위에서 말하다, 상술하다　ㅣ　**笔录** bǐlù [동] 기록하다

　　还原 huán//yuán [동] 환원하다, 원상 회복하다, 복원하다　ㅣ　**影像** yǐngxiàng [명] 영상

　　存档 cún//dàng [동] 이미 처리가 끝난 공문 · 자료 · 원고 등을 필요시에 대비하여 파일로 보관하다

男："档案管理"中的第三条很容易理解，每个人都知道要将文件整齐地平放在卷宗里。第四条是"保持前后一致。永远将同一客户的信件归在同一档案中。"

女：我想我明白这意思了，但第五条似乎不好理解。

男：是吗？那是"在公司或职务名称下归档，而不是在你的通信人名下归档。"

女：难道你不觉得在你通信人名下归档更方便吗？

男：我过去经常这么做，这个人来的信都能在同一个档案里找到。

女：我理解。

男：但是你是不是注意到，有时一个人会离开公司或者被提升到一个新的职位。

女：注意到了，然后会有另外一个人来接替这个工作。

男：所以，人们可以换工作，但公司或职务的名称一般不会改变。

女：现在我明白了。

男：在公司或职务的名称下归档可以把有关的文件存放在一起。

女：谢谢你了。

남: "데이터 관리"의 제 3항은 쉽게 이해될 거야. 모두들 데이터를 서류철에 순서대로 가지런히 보관해야 한다는 것을 알고 있어. 제 4항은 "처음과 끝을 같게 한다. 동일한 고객의 우편물은 동일한 데이터에 영구히 속하게 한다."

여: 이게 무슨 뜻인지는 알겠어, 그런데 제 5항은 잘 이해가 안돼.

남: 그래? 그건 "회사나 직무 명칭으로 데이터를 분류하는 것이지, 연락인명으로 분류하는 것이 아니다"야.

여: 너는 연락인명으로 데이터를 분류하는게 더 편하다고 생각하지 않는거야?

남: 나도 예전엔 자주 이렇게 했어, 한 사람이 보낸 편지는 한 데이터에서 찾을 수 있었어.

여: 이해돼.

남: 그런데 때로는 회사를 떠나거나 또는 새로운 직위로 승진한다는 것을 생각해 봤어?

여: 생각했지. 그후엔 다른 사람이 그 일을 대신 하겠지.

남: 그래서, 사람들은 일을 바꿀 수 있지만, 회사나 직무의 명칭은 대체로 바뀌지 않아.

여: 이제야 이해했어.

남: 회사나 직무 이름으로 데이터를 분류하면 관련 있는 자료를 같이 보관할 수 있어.

여: 고마워.

단어 档案 dàng'àn [명] 분류하여 보관하는 공문서 ǀ 整齐 zhěngqí [형] 정연하다, 단정하다, 깔끔하다 [동] 가지런히 하다

卷宗 juànzōng [명] 서류철, 파일(file) ǀ 保持 bǎochí [동] 지키다, 유지하다 ǀ 客户 kèhù [명] 고객, 거래처

职务 zhíwù [명] 직무 ǀ 名称 míngchēng [명] (단체나 사물의) 이름, 명칭

归档 guī//dàng [동] 분류하여 보존하다 ǀ 提升 tíshēng [동] 진급시키다[하다], 등용[발탁]하다

接替 jiētì [동] 대신하다, 교체하다, 교대하다

45. 🎧54

<table>
<tr><td>

女的开始认为怎么样归档更方便？
A 在公司或职务名称下归档
B 在通信人名下归档
C 在职务名称下归档
D 在公司名称下归档

</td><td>

여자는 처음에 어떻게 데이터를 분류하는 것이 편하다고 생각하였는가？

A 회사 또는 직책명으로 분류하여 보존하다
B 연락인명으로 분류하여 보존한다
C 직책명으로 분류하여 보존한다
D 회사명으로 분류하여 보존한다

</td></tr>
</table>

해설 녹음 중 "难道你不觉得在你通信人名下归档更方便吗？(너는 연락인명으로 데이터를 분류하는게 편하다고 생각하지 않는거야?)"를 들었다면 여자는 처음에 연락인명을 기준으로 데이터를 분류하는 것이 편하다고 생각하였음을 알 수 있다. 정답은 B **在通信人名下归档**(연락인명으로 분류하여 보존한다)이다.

46. 🎧55

<table>
<tr><td>

在公司或职务名称下归档的最恰当的原因是什么？

A 人们可以换工作，但公司或职务的
　　名称一般不会改变
B 一个人会离开公司
C 一个人会被提升到一个新的职位
D 不清楚

</td><td>

회사 또는 직책 명칭으로 데이터를 분류하는 이유로 가장 적절한 것은？

A 사람들은 일을 바꿀 수 있지만 회사 또는
　　직책의 명칭은 일반적으로 바뀌지 않는다
B 사람은 회사를 떠날 수 있다
C 사람은 새로운 직책으로 승진할 수 있다
D 정확하지 않다

</td></tr>
</table>

해설 녹음 중 "人们可以换工作, 但公司或职务的名称一般不会改变。(사람들은 일을 바꿀 수 있지만, 회사나 직책의 명칭은 대체로 바뀌지 않아.)"를 통해서 A가 답임을 알 수 있다. 연락인명으로 데이터를 분류할 경우 회사를 떠나거나 승진을 하게 될 경우 데이터 분류에 곤란한 경우가 생기지만, 회사 또는 직책의 명칭은 잘 바뀌지 않아서 데이터를 분류하기 알맞다는 내용에서도 유추 가능하다.

男：中国国际航空公司，早上好！

女：早上好，我想订一张10月2号从北京到纽约的机票。

男：你想订早上的还是晚上的？

女：2号下午15点50分，有一航班飞往纽约，如果能订这个航班最方便了。

男：恐怕那个航班的飞机已经订满了，我看有没有退票。没有，这个时间的已经订满了。

女：你能查一下2号下午，从北京国际机场飞往纽约的航班吗？

男：16点15分从北京国际机场起飞，18点50分到纽约的那班飞机还有票。

女：18点30分以后的呢？

男：18点45分从北京国际机场起飞，12点15分到达纽约的班机还有很多空位。

女：我想16点15分的那个航班更合适，请您给我订一张吧。

男：头等舱还是经济舱？

女：头等舱。

男：单程还是双程？

女：单程。

男：请问您贵姓？

女：我是替我们老板订的，他姓张，弓长张，家豪，家庭的家自豪的豪。

男：请问他的身份证号码？

女：120104196710016810

男：我们核实一下，您要一张10月2号16点15分由北京国际机场飞往纽约的中国国航的头等舱的单程机票。客人姓名是张家豪，弓长张家庭的家自豪的豪。

女：对，没错。

남: 중국 국제 항공사입니다. 안녕하세요.

여: 안녕하세요. 10월 2일 베이징에서 뉴욕으로 가는 비행기표 한 장을 예약하고 싶은데요.

남: 예약하시는 게 아침인가요 저녁인가요?

여: 2일 오후 3시 50분에 뉴욕으로 향하는 항공편이 있던데 만약 이 항공편을 예약할 수 있다면 좋겠네요.

남: 아마 그 항공편의 비행기는 이미 예약 완료일텐데, 제가 환불된 표가 있는지 살펴볼게요. 없네요, 이 시간은 이미 예약이 꽉 찼습니다.

여: 2일 오후 베이징 국제공항에서 뉴욕으로 가는 비행기를 찾아봐 주실 수 있나요?

남: 16시 15분 베이징 국제공항에서 이륙하여 18시 50분에 뉴욕에 도착하는 비행기표가 아직 있네요.

여: 18시 30분 이후에는요?

남: 18시 45분 베이징 국제공항에서 이륙하여 12시 15분 뉴욕에 도착하는 비행기는 아직 자리가 많네요.

여: 16시 15분 그 비행기가 적당할 듯 하네요. 한 장 예약해 주세요.

남: 1등석인가요 아니면 일반석인가요?

여: 1등석이요.

남: 편도인가요 아니면 왕복인가요?

여: 편도요.

남: 성함이 어떻게 되시죠?

여: 제가 사장님 대신에 예약하는 거라서요, 성은 张, 弓자长자의 张이고, 이름은 家豪, 家庭의 家자, 自豪의 豪자요.

남: 신분증 번호는요?

여: 120104196710016810입니다.

남: 확인하겠습니다. 10월 2일 16시 15분 베이징 국제공항에서 뉴욕으로 향하는 중국 국제항공 1등석 편도 비행기표 맞죠? 고객님 성함은 张家豪, 弓자, 长자의 张이고, 家庭의 家자, 自豪의 豪자요.

여: 예, 맞아요.

단어 航空 *hángkōng* [명] 항공 ｜ 纽约 *Niǔyuē* [고유] 뉴욕(New York) ｜ 航班 *hángbān* [명] 운행표, 취항 순서

退票 *tuì//piào* [동] 표를 환불하다 ｜ 订 *dìng* [동] 예약하다, 주문하다 ｜ 头等舱 *tóuděngcāng* [명] 일등 선실

单程 *dānchéng* [명] 편도 ｜ 双程 *shuāngchéng* [명] 왕복(편도의 반의어)

核实 *héshí* [동] 맞추어 보고 확인하다, 실태를 조사하다

47. 🎧 57

从对话中可以知道，要坐飞机的乘客的名字为：	대화에서 알 수 있는 비행기를 타려는 승객의 이름은 무엇인가:
A 张豪庭　　　B 张家豪 C 章家豪　　　D 长家豪	A 장하오팅　　　B 장자하오 C 장자하오　　　D 장자하오

해설　대화에서 "**客人姓名是张家豪, 弓长张家庭的家自豪的豪**. (고객 성함은 **张家豪**, 弓자 **长**자의 **张**이고 **家豪**, 家庭의 **家**자, 自豪의 **豪**자요.)"라는 말을 통하여 승객의 이름을 알 수 있다. 정답은 B **张家豪**이다.

48. 🎧 58

最后女的订了哪个航班的飞机？	마지막으로 여자가 예약한 비행기는 어떤 항공편인가?
A　15点50分从北京起飞的 B　16点15分从北京起飞的 C　18点50分从北京起飞的 D　12点15分从北京起飞的	A　15시 50분 베이징에서 출발하는 비행기 B　16시 15분 베이징에서 출발하는 비행기 C　18시 50분 베이징에서 출발하는 비행기 D　12시 15분 베이징에서 출발하는 비행기

해설　대화 중 본래 여자가 예약하려 했던 2일 13시 50분 표는 이미 예약이 되어 있었고, 16시 15분과 18시 45분의 비행기 중에서 마지막에 선택한 비행기는 16시 15분 비행기이므로 정답은 B **16点15分从北京起飞的**(16시 15분 베이징에서 출발하는 비행기)이다.

今年第三季度中国城市消费者平板电视需求研究报告提供的数据表明，未来平板电视市场的发展将呈现四大趋势。第一个趋势是：市场需求保持旺盛，品牌需求变化大。自2005年开始，平板电视在中国进入了高速增长期。特别是今年以来，在家电制造企业和家电渠道商宣传和价格策动下，国内消费者潜在购买能力必定会被调动起来，第四季度市场规模将超过600万台，显示出旺盛的市场需求，同时对品牌特别是外国品牌的需求也较以前有很大的变化。第二个趋势是：更多区域市场发育，市场集中度开始减弱。市场发展初期，平板电视的高端形象和价格决定了其市场主要集中在收入水平较高的一级城市消费市场。目前，价格已经开始接近城市消费者心里预期价格，二级市场开始逐渐启动，整个市场集中度开始减弱。第三个趋势是：产品趋于多样化。目前平板电视市场刚刚走出普及阶段，对于产品的概念以及技术的认识水平开始逐渐提高，随着产品普及率的提高，对于产品的个性化需求必定会出现，产品趋于多样化，市场逐渐进入"细分期"。第四个趋势是：家电连锁卖场成为平板的主流渠道。苏宁、国美等家电连锁卖场在全国一级市场的"疯狂"布局，已经彻底改变了一级城市的家电市场销售渠道格局。目前，一级城市消费者选择购买家电连锁渠道的比例已经达到了70％以上，在北京、上海等渠道商重点布局的城市，选择通过家电连锁渠道的比例超过了90％。

올해 제 3분기 중국 도시 소비자 평면TV 수요 연구 보고에서 제공한 통계에 따르면, 앞으로 평면TV 시장의 발전은 4대 경향을 보일 것이라고 조사되었다. 첫 번째 경향은 시장의 수요가 왕성하게 지속되는 가운데 브랜드 수요 변화는 클 것이다. 2005년부터 평면TV는 중국에서 고속성장시기에 들어섰다. 특히 올해부터 가전 제조기업과 가전 유통상의 선전 그리고 가격의 책동 상황에서 국내 소비자의 잠재구매력이 조정을 받아서 제 4분기 시장규모가 600만대를 넘어설 것이라는 것은 왕성한 시장의 수요를 나타내는 것이며, 동시에 브랜드, 특히 외국 브랜드에 대한 수요 또한 이전과 비교했을 때 큰 변화가 있을 것이다. 두 번째 경향은 더 많은 지역 시장이 성장하여, 시장 집중도가 점점 약해질 것이다. 시장 발전 초기에는 평면TV의 고급화된 이미지와 가격으로 시장이 수입 수준이 비교적 높은 1급 도시 소비 시장에 주로 집중되었다. 현재, 가격은 이미 도시 소비자들이 기대하는 가격에 가까워지고 있고, 2급 시장도 점차 움직이고 있어, 전체 시장 집중도가 점점 줄어들고 있다. 세 번째 경향은 제품이 다양화되어 간다는 것이다. 현재 평면TV 시장은 이제 막 보급 단계를 벗어났고, 제품에 대한 개념과 기술에 대한 인식 수준이 점점 높아지고 있다. 제품의 보급률이 높아짐에 따라 제품의 차별성에 대한 요구가 나타날 것이고, 제품은 다양화될 것이며, 시장은 점점 "세분화기"에 진입할 것이다. 네 번째 경향은 가전 체인 판매점이 평면TV의 주된 판매 경로가 될 것이란 것이다. 쑤닝, 궈메이 등 가전 체인 판매점이 전국 1급 시장의 "열풍"국면에서, 이들이 1급 도시의 가전시장 소비 경로 구조를 완전히 바꿔버렸다. 현재, 1급 도시의 소비자가 가전 제품 체인점 경로로 구매하는 비율이 이미 70% 이상에 달하였고, 베이징, 상하이 등 유통상 중점 구도의 도시에서 가전 체인점 경로를 선택하는 비율은 90%를 넘어섰다.

 季度 jìdù [명] 사분기(四分期), 분기 | 消费 xiāofèi [동] 소비하다

数据 shùjù [명] 데이터, 통계 수치, 실험·설계·계획 등에 필요한 자료 | 呈现 chéngxiàn [동] 나타내다, 양상을 띠다

趋势 qūshì [명] 추세, 경향 | 旺盛 wàngshèng [형] (기운이나 세력이) 성하다, 왕성하다, (생명력이) 강하다

渠道 qúdào [명] 방법, 경로 | 宣传 xuānchuán [동] 선전하다 | 策动 cèdòng [동] 책동하다, 획책하다

潜在 qiánzài [형] 잠재하다 | 调动 diàodòng [동] (위치·용도·인원을) 옮기다, 이동하다 | 规模 guīmó [명] 규모

减弱 jiǎnruò [동] 약해지다, 약화시키다 | 高端 gāoduān [형] 최첨단의 | 预期 yùqī [동] 예기하다, 미리 기대하다

逐渐 zhújiàn [부] 점차, 차츰차츰 | 启动 qǐdòng [동] (기계·설비 따위를) 시동하다

连锁 liánsuǒ [형] 쇠사슬처럼 연결되다[이어지다] | 渠道 qúdào [명] 방법, 경로, 루트 | 疯狂 fēngkuáng [형] 미치다

布局 bùjú [명] 구도, 구성 [동] (작문·그림 따위를) 구성하다, 배치하다 | 彻底 chèdǐ [형] 철저하다, 투철하다

格局 géjú [명] 짜임새와 격식

49.

未来平板电视市场的发展趋势当中错误的是：	미래 평면TV 시장의 발전 추세 중 옳지 않은 것은:
A 市场需求保持旺盛，品牌需求变化大	A 시장 수요가 왕성하게 유지되고 브랜드 수요 변화가 클 것이다
B 更多区域市场发育，市场集中度开始减弱	B 더 많은 지역 시장이 형성되고, 시장 집중도가 약해지기 시작한다
C 产品趋于多样化	C 상품이 다양해지는 추세다
D 各大超市卖场成为平板电视的主流渠道	D 대형 슈퍼마켓 시장이 평면TV의 주요 경로가 된다

해설 녹음 중 "家电连锁卖场成为平板的主流渠道(가전 체인 판매점이 평면TV의 주된 판매 경로가 될 것)"이란 말을 통하여 D의 "各大超市卖场成为平板电视的主流渠道(대형 슈퍼마켓 시장이 평면TV의 주요 경로가 된다)"는 옳지 않음을 알 수 있다. A는 첫 번째 추세이고, B는 두 번째 추세이고, C는 세 번째 추세이다.

50.

上海、北京等城市，选择家电连锁渠道的大概有多少？	상하이, 베이징 등의 도시에서 가전 제품 체인점 경로는 대략 얼마를 차지하는가?
A 70%　　B 90%	A 70%　　B 90%
C 600万　　D 录音中没有提到	C 600만　　D 녹음 중에 언급하지 않았다

해설 녹음 중 "在北京、上海等渠道商重点布局的城市, 选择通过家电连锁渠道的比例超过了90％。(베이징, 상하이 등의 판매상 중점 구도의 도시에서 가전 체인점 경로는 90%를 넘어섰다.)"을 통하여 상하이, 베이징 등의 도시에서 가전 제품 체인점 경로는 90%를 차지함을 알 수 있다.

밑줄 친 빈칸에 A, B, C, D 중 알맞은 답을 고르세요.

51.

<table>
<tr><td>早上下起了大雪，路上行人很少，只是______有几个锻炼身体的人。

A 顺便
B 偶尔
C 起码
D 偶然</td><td>아침에 눈이 많이 내리기 시작했다. 길에 지나다니는 사람은 적었지만, <u>간혹</u> 신체를 단련하려는 몇몇 사람만이 있었다.

A ~하는 김에
B 간혹
C 최저한도로
D 우연히</td></tr>
</table>

"偶然"은 "必然 bìrán [형용사] 필연적이다"의 상대적인 개념이고, "偶尔"은 "经常 jīngcháng [형용사] 일상적인"의 상대적인 개념으로 쓰인다. "偶然"이 관형어로 쓰일 때는 구조조사 "的"를 쓰기도 하고 쓰지 않기도 하지만, "偶尔"은 "的"를 꼭 써야한다. 예를 들어 "偶然(的)事故 / 偶然(的)情况, 偶尔的成功 / 偶尔的情况"으로 써야한다.

해설 눈이 많이 내려 길에 사람이 없지만 신체 단련하는 사람이 간혹 있었다는 의미를 나타낼 때, 부사 B 偶尔(간혹)이 가장 적당하다.

단어 顺便 shùnbiàn(r) [부] …하는 김에 | 偶尔 ǒu'ěr [부] 간혹, 이따금, 때때로 [형] 우발적인

起码 qǐmǎ [형] 최저한도로, 최소한의 | 偶然 ǒurán [형] 우연하다, 우연스럽다 [부] 우연히

52.

<table>
<tr><td>他先给家人留了张条子，______才去医院看同事。

A 以后
B 然后
C 后来
D 最后</td><td>그는 우선 메모를 남기고, <u>그리고 나서</u> 그제서야 병원에 가서 동료를 보았다.

A 이후
B 그리고 나서
C 그 후
D 최후</td></tr>
</table>

해설 "先……, 然后……"는 고정 격식이다. 따라서 정답은 B 然后(그리고 나서)이다. 또한, "先……然后……最后……"로도 쓰인다. A 以后(이후)는 종종 특정사건이나 시간의 바로 뒤에 위치한다. D 最后(최후)는 마지막을 가리키는 것으로 문장의 내용에 옳지 않다.

단어 条子 tiáozi [명] 쪽지, 메모

以后	이후 현재 또는 말한 후의 시간을 가리킴, 과거, 미래를 다 가리킬 수 있다.	他走了以后你才来。 그가 간 뒤에야 네가 왔다.

然后	그리고 나서 연이어 나오는 사건이나 시간의 뒤를 가리킴.	我先去吃饭，**然后**再去买衣服。 나는 우선 밥을 먹고 나서 다시 옷을 사러 갔다.
后来	그 후 과거의 시간만을 가리킴.	去年来过一封信，**后来**再没有来过信。 작년에 편지 한 통 온 후에는 다시 편지가 오지 않았다.
最后	최후 맨 마지막을 가리킴.	**最后**请你说几句话吧！ 마지막으로 한 말씀 해주십시오!

53.

| ＿＿＿＿＿这些请客送礼的人如果不及时处理，就会助长这种不良社会风气。

A 由于
B 关于
C 对于
D 在于 | 한턱을 내고, 선물을 보내는 이러한 사람<u>에 대해</u> 만약 적시에 처리하지 않는다면, 좋지 못한 사회 풍조를 조장할 것이다.

A ~때문에
B ~관해서
C ~대해서
D ~달려있다 |

해설 문장의 첫 번째 절의 동사 "**处理**"의 대상을 나타낼 수 있는 전치사는 "**对于**"이다. "**由于**"의 뒤에는 원인이 나와야 하며, "**关于**"는 주제, 범위를 나타내므로 문장에 맞지 않다. "**在于**"는 사물의 관건이 ~에 놓여 있음을 말한다.

단어 **及时** jíshí [부] 제때에, 적시에 ｜ **处理** chǔlǐ [동] 처리하다

由于	~때문에 뒤에 원인이 나온다.	**由于**忙，所以我一直没给他回信。 바빴기 때문에 나는 지금까지 그에게 답장하지 못했다.
关于	~관해서 주제, 범위를 가리킨다.	**关于**这事，我全不知。 이 일에 관해서 나는 전혀 모른다.
对于	~대해서 대상을 가리킨다.	**对于**这件事，我早已心中有数。 이 일에 대해, 나는 진작부터 마음의 준비가 되어 있었다.
在于	~달려있다 사물의 관건이 되는 것을 가리킴.	人的价值不**在于**有钱没钱。 사람의 가치는 돈의 유무에 달려 있지 않다.

54.

<table>
<tr><td>

这件事情现在很不好办，放几天_____说吧。

A 才
B 再
C 又
D 还

</td><td>

이 일은 지금 처리하기 나쁘니, 며칠 두고 보고 <u>다시</u> 이야기 하자.

A ~에야 비로소
B 다시
C 또
D 여전히

</td></tr>
</table>

해설 동사 "说"의 앞에 앞으로 반복될 동작을 의미하는 부사 "再"가 와야 한다. "又"와 "还"도 반복을 의미하기는 하지만, "又"는 과거 사건의 반복을 나타내므로 문장에 맞지 않고, "还"는 지속되는 동작의 반복을 나타내므로 정답이 아니다. 이 문장에서는 '다음에 다시 이야기 하자'라는 말이므로 앞으로 행해질 동사의 반복을 나타내는 "再"가 옳다.

55.

<table>
<tr><td>

希望我们两国加强交流，_____扩大在各个领域的合作。

A 而
B 为
C 以
D 就

</td><td>

우리 두 나라의 교류를 강화함<u>으로써</u>, 각 영역의 협력이 확대되기를 바랍니다.

A ~하고
B ~하기 위해서
C ~함으로써
D 곧

</td></tr>
</table>

해설 접속사 "以"는 후자가 전자의 목적임을 나타낸다. 문장에서 각 영역의 협력 확대는 두 나라 교류 강화의 목적이기 때문에 빈칸에는 "以"가 적절하다. "而"은 앞문장과 뒷문장을 연결해주는 접속사의 기능만 있고 목적의 의미를 나타내지 못해서 오답이다. "为"가 되려면 문장의 앞, 뒷절의 위치가 바뀌어야 한다.

단어 扩大 kuòdà [동] 확대하다, 넓히다 | 领域 lǐngyù [명] 분야, 영역

56.

吸烟＿＿＿＿＿损害自己的健康，＿＿＿＿＿影响他人和家人的健康。

A 既然……也

B 既……也

C 虽然……也

D 尽管……也

담배를 피는 것은 자신의 건강을 해치<u>고</u>, 다른 사람과 가족의 건강<u>에도</u> 영향을 끼친다.

A 이미 이렇게 된 바에야~또

B ~하기도 하고 ~하기도 한다

C 비록 ~하지만

D 비록 ~하지만

해설 보기에서 제시된 단어들이 접속사와 관계 부사임을 보고, 문장을 먼저 해석한 후 관련된 접속사를 찾는 것도 문제를 빨리 푸는 방법이다. "既……也 (~하기도 하고 ~하기도 한다)"는 병렬 관계를 나타낸다. 문제에서 담배의 해로움을 나열하고 있어 B가 옳다. A 既然……也 (이미 이렇게 된 바에야 ~또)는 먼저 조건을 제시하고 뒤에 추론을 나타내는 것이다. C 虽然……也, D 尽管……也 (비록 ~하지만)는 전환 관계를 나타낸다.

단어 损害 sǔnhài [동] 손상시키다, 손해를 주다, 침해하다, 해치다 ㅣ 吸烟 xī//yān [동] 담배를 피우다

健康 jiànkāng [형][명] 건강(하다)

57.

我觉得结婚后夫妻各自的隐私不必让＿＿＿＿＿＿知道。

A 互相

B 彼此

C 双方

D 对方

나는 결혼 후에 부부 각자의 프라이버시를 <u>상대방</u>으로 하여금 알게 할 필요는 없다고 생각한다.

A 서로

B 피차

C 쌍방

D 상대방

해설 사역 동사 "让"은 "~하게 하다, ~하도록 시키다"의 뜻이다. A, B, C의 단어들에는 상대방 뿐만이 아니라 나도 포함하는 단어이기 때문에 문제에서 빈칸에 들어갈 가장 적절한 단어는 사역동사 "让"의 목적어이므로 "나"의 의미를 포함하고 있지 않은 D 对方(상대방)이다.

단어 隐私 yǐnsī [명] (사적인) 비밀, 프라이버시 ㅣ 彼此 bǐcǐ [대] 피차, 상호, 서로

让 ràng [동] …하도록 시키다, …하게 하다, …하도록 내버려두다

58.

<table>
<tr>
<td>

看他着急的样子，我们禁不住笑了

______。

A 起来

B 下来

C 上来

D 过来

</td>
<td>

그가 초조해하는 것을 보고 우리는 웃음이 새어 나오는 것을 멈출 수 없었다.

A 동작이 시작되어 지속됨

B 과거부터 현재까지 지속됨

C 완성에 가까워짐

D 비정상에서 정상으로 돌아옴

</td>
</tr>
</table>

해설 동사 "笑(웃다)"의 뒤에서 보충해주는 보어를 찾는 문제이다. "그의 초조해 하는 모습을 보고 웃음이 나오기 시작하다"라는 뜻을 나타낼 수 있는 보어로는 A 起来가 가장 적절하다.

단어 禁不住 jīn bu zhù (사람이나 사물이) 이겨 내지 못하다, 견디지 못하다

起来	동작이나 상황이 시작되어 지속됨.	孩子哭了起来。 아이가 울기 시작했다.
下来	과거부터 현재까지 지속됨.	从前传下来的故事 예로부터 전해오는 이야기
上来	완성에 가까워짐.	那首诗他念了两遍就背上来了。 시를 그는 두 번 읽고 곧 외우게 되었다.
过来	비정상에서 정상으로 돌아옴.	醒过来了。 깨어났다.

[59~60]

<table>
<tr><td>

寻人启事

　　×××，女，67岁，身高一米五五左右，神志有时不＿＿＿，穿灰的确良中式罩衫，黑裤子，灯芯绒圆口布鞋，耳聋，牙齿已全部脱落，豫西口音，带一根木质拐杖，于二月三日出走至＿＿＿＿未归。有知情者请与市机械安装厂联系，定有重谢。联系电话：123456798

</td><td>

사람을 찾습니다.

　이름 xxx, 여자, 67세, 신장 155cm정도, 정신이 가끔 희미하고, 회색 중국식 폴리에스테르 덧옷을 입었고, 검정 바지에 둥근 코의 코르덴 헝겊 신발을 신었음. 귀가 들리지 않고, 이가 모두 빠졌으며, 예서 방언을 사용함. 나무로 만든 지팡이를 갖고 있고, 2월 3일에 나가 (지금까지) 들어오지 않음. 아시는 분은 시 기계설치 공장으로 연락바람. 후사하겠음.

전화: 123456798

</td></tr>
</table>

단어　　寻人 xúnrén [동] 사람을 찾다, 구인하다　|　启事 qǐshì [명] (신문·잡지에 내거나 벽에 붙이는) 광고, 공고

　　神志 shénzhì [명] 지각과 의식, 정신, 의식　|　罩衫 zhàoshān [명] 덧옷

　　灯芯绒 dēngxīn róng [명] 코르덴　|　耳聋 ěrlóng [동] 귀가 먹다, 귀가 들리지 않다

　　拐杖 guǎizhàng [명] 지팡이　|　机械 jīxiè [명] 기계, 기계 장치

　　安装 ānzhuāng [동] 설치하다, 고정시키다, 장치하다　|　至今未归 zhìjīnwèiguī 지금까지 돌아오지 않고 있다

59.

<table>
<tr><td>A 良　　B 清　　C 亮　　D 好</td><td>A 선하다　　B 맑다　　C 밝다　　D 좋다</td></tr>
</table>

해설　A 良(선하다)는 "良朋(좋은 친구), 良马(좋은 말)" 등으로 쓰이고 C 亮(밝다)는 "亮星(밝은 별)" 등으로 쓰이므로 주어인 "神志(정신)"과 어울리지 않는다. D 好(좋다)는 "神志(정신)" 보다는 "记忆力(기억력)"이 좋음을 나타낼 때 쓰인다. 그러므로 "神志(정신)"과 가장 잘 어울리는 것은 B 清(맑다)이다.

60.

<table>
<tr><td>A 昨　　B 现　　C 少　　D 今</td><td>A 어제　　B 현재　　C 적음　　D 지금</td></tr>
</table>

해설　잃어버린 사람이 지금까지 집에 돌아오지 않고 있음을 나타내는 것은 "至今未归"이다. B 现(현재)도 의미상으로는 될 수 있을 듯 하나, 위와 같이 사람을 찾는 글같은 경우 쓰이는 고정구가 정해져 있으니 암기하도록 하자.

문장을 완성하기 위해 아래의 각 단어들을 알맞은 순서로 배열하세요.

61.

①下雨	②也许	① 비가 내리다	② 아마도
③会	④阴下来了	③ 할 것이다	④ 어두워졌다
⑤天	⑥突然	⑤ 날씨	⑥ 갑자기

정답: C ⑤⑥④②③①

해설 **天突然阴下来了也许会下雨。** (날씨가 갑자기 어두워지니, 아마도 비가 내릴 것이다.)

문장에서 서술어의 역할을 할 수 있는 단어가 있는 보기는 "④**阴下来了**(어두워졌다)"와 "①**下雨**(비가 내리다)"이다. 의미상 날씨가 흐려지고 비가 오는 것이 적절한 순서이기 때문에 **阴下来了**를 우선 배치한다. 전체 문장의 주어가 될 수 있는 단어는 "**天**(날)"이므로 문장의 앞에 배치한다. 부사 "**突然**(갑자기)"는 술어인 "**阴下来了**"의 앞에서 부사어의 역할을 하고, 의미상 "**下雨**"의 앞에 위치할 수 있는 "**也许**(아마도)"와 "**会**(할 것이다)" 중 부사인 "**也许**"가 조동사인 "**会**"의 앞에 위치해야 한다.

단어 **阴** yīn [형] 흐리다

62.

①筷子	②传入了	① 젓가락	② 전해지다
③唐朝以前	④日本	③ 당나라 이전	④ 일본
⑤就	⑥早在	⑤ 바로	⑥ 일찍이

정답: B ①⑥③⑤②④

해설 **筷子早在唐朝以前就传入了日本。** (젓가락은 일찍이 당나라 이전에서부터 일본에 전해졌다.)

문장에서 술어로 쓰일 수 있는 "**传入了**"를 우선 찾고, 목적어가 될 수 있는 단어를 찾는다. 보기 중에서 "**筷子**(젓가락)", "**日本**(일본)"이 목적어가 될 수 있으나, 술어 "**传入了**"에 적절한 목적어는 장소의 의미가 있는 "**日本**"이 더 옳다. 따라서 "**筷子**"는 주어의 자리에 배치한다. 나머지 "**早在**"와 "**唐朝以前**"이 구를 이루어 시간을 나타내는 부사어 성분이 되고, 관계부사 "**就**"는 시간을 나타내주는 부사어 "**早在唐朝以前**"의 뒤에 위치한다.

63.

①共	②有	① 도합	② 있다
③1600多	④世界上	③ 1600여	④ 세상에는
⑤蚂蚁	⑥种	⑤ 개미	⑥ 종류

정답: A ④①②③⑤⑥

해설 世界上共有1600多种蚂蚁。(세상에는 도합 1600여 종의 개미가 있다.)

술어가 될 수 있는 "**有**(있다)"를 우선 찾고, 주어가 될 수 있는 단어를 찾는다. "**世界上**(세상에는)"과 "**蚂蚁**(개미)" 중 "**世界上**"이 전치사가 없이 보기에 등장한 것을 보아, 존현문을 만드는 문장이라는 것을 알 수 있다. 따라서 "**蚂蚁**"는 목적어 성분이 된다. 나머지 단어 중 부사 "**共**(도합)"은 술어 "**有**" 앞에 위치하고, "**1600多**(1600여)"와 "**种**(종류)"는 목적어 "**蚂蚁**"를 꾸며주는 관형어 역할을 하므로 "**蚂蚁**"의 앞에 위치한다.

단어 蚂蚁 mǎyǐ [명] 개미

64.

①方式	②主要	① 방식	② 주요한
③是	④大脑疲劳	③ 이다	④ 대뇌의 피로
⑤睡眠	⑥消除	⑤ 수면	⑥ 제거하다
⑦的		⑦ 의	

정답: D ⑤③⑥④⑦②①

해설 睡眠是消除大脑疲劳的主要方式。(수면은 대뇌의 피로를 제거하는 주요한 방법이다.)

술어가 될 수 있는 "**是**"와 "**消除**"를 찾는다. 둘 중 "**是**"는 술목 구조의 목적어를 취할 수 있지만, "**消除**(제거하다)"는 그럴 수 없는 동사이므로 전체 문장의 술어는 "**是**"임을 알 수 있다. "**消除**"의 대상은 "**大脑疲劳**(대뇌 피로)"가 되어 구를 이룬다. 의미상 "**睡眠**(수면)"이 주어가 되고, 목적어는 "**方式**"가 된다. "**方式**"를 꾸며주는 관형어는 "**消除大脑疲劳**"와 "**主要**"인데, 술목으로 이루어진 관형어 뒤에는 구조조사 "**的**"가 있어야 한다. 따라서 목적절은 "**消除大脑疲劳的主要方式**"가 된다.

단어 疲劳 píláo [형] 지치다, 피로해지다 ㅣ **睡眠** shuìmián [명] 수면, 잠

消除 xiāochú [동] (걱정이나 장애 등을) 제거하다, 없애 버리다, 해소하다 ㅣ **大脑** dànǎo [명] 대뇌

65.

①做	②在	① 하다	② ~에
③的	④前	③ ~의	④ 전
⑤睡	⑥有氧运动	⑤ 자다	⑥ 유산소 운동
⑦20分钟		⑦ 20분	

정답: D ②⑤④①⑦③⑥

해설 在睡前做20分钟的有氧运动。(자기 전에 20분의 유산소 운동을 한다.)

술어가 될 수 있는 "**做**(하다)"를 우선 찾는다. 목적어는 "**有氧运动**"이 될 수 있다. 나머지 단어 중 "**在~前**(~하기 전에)"와 "**睡**(잠을 자다)"로 "**在睡前**"이라는 부사어절로 시간을 나타낼 수 있다. 시간을 나타내는 부사어절은 술어 "**做**" 앞에 위치하고, 나머지 "**20分钟**"은 "**有氧运动**"을 꾸며주는 관형어가 되어 앞에 위치한다.

단어 氧 yǎng [명] (화학) 산소 [oxygen, O]

66.

<table>
<tr><td>①这</td><td>②能</td><td>① 이</td><td>② 할 수 있다</td></tr>
<tr><td>③按时</td><td>④课外作业</td><td>③ 제때에</td><td>④ 과외 숙제</td></tr>
<tr><td>⑤次</td><td>⑥吗</td><td>⑤ 번</td><td>⑥ ~니?</td></tr>
<tr><td>⑦交</td><td></td><td>⑦ 제출하다</td><td>정답: D ①⑤④②③⑦⑥</td></tr>
</table>

해설 这次课外作业能按时交吗? (이번 과외 숙제는 제시간에 제출할 수 있니?)

술어가 될 수 있는 "**交**"를 우선 배치한다. 부사 "**按时**"와 조동사 "**能**" 둘 다 술어 앞에 위치할 수 있는데, 의미상 "**能**"이 "**按时**"를 포괄해야 하니 앞에 위치해야 한다. 지시대명사 "**这**"와 양사 "**次**"는 "**课外作业**"를 꾸며주는 관형어로서 앞에 위치한다. 본래 "**课外作业**"는 술어 "**交**"의 목적어 성분으로도 쓰일 수 있지만, 의문문에서 목적어를 강조하기 위하여 주어로 쓰여 문장의 앞에 쓰인 문장이다. "**吗**"는 의문문의 표시로 문장 맨 끝에 위치한다.

단어 **按时** ànshí [부] 제때에, 규정된 시간대로, 제시간에 ㅣ **课外** kèwài [명] 과외

67.

<table>
<tr><td>①都喜欢</td><td>②高</td><td>① 모두 좋아하다</td><td>② 키가 크다</td></tr>
<tr><td>③大</td><td>④并非</td><td>③ 크다</td><td>④ 결코 ~가 아니다</td></tr>
<tr><td>⑤每个人</td><td>⑥个儿</td><td>⑤ 모든 사람</td><td>⑥ 키</td></tr>
<tr><td></td><td></td><td colspan="2">정답: A ④⑤①③②⑥</td></tr>
</table>

해설 并非每个人都喜欢大高个儿。(모든 사람이 키 큰 사람을 좋아하는 것은 아니다.)

술어가 될 수 있는 "**并非**(결코 ~가 아니다)"와 "**喜欢**(좋아하다)"를 찾아준다. 그리고 "**喜欢**"의 주어로 쓰일 수 있는 "**每个人**"을 찾고 뒤에 범위부사 "**都**"를 붙여주고 술어의 앞에 배치한다. "**个儿**(키)"는 "**高**(크다)"의 수식을 받을 수 있으며 목적어로 쓰인다. 마지막으로 "**并非**(결코 ~가 아니다)"는 의미상 문장의 맨 앞에 놓여 "**每个人~个儿**"까지를 목적어로 삼는다.

단어 **并非** bìngfēi [동] 결코 …하지 않다

68.

<table>
<tr><td>①培养</td><td>②积极作用</td><td>① 기르다</td><td>② 긍정적인 작용</td></tr>
<tr><td>③良好的</td><td>④生活习性</td><td>③ 좋은</td><td>④ 생활습관</td></tr>
<tr><td>⑤对于</td><td>⑥具有</td><td>⑤ ~에 대하여</td><td>⑥ 갖추고 있다</td></tr>
<tr><td></td><td></td><td colspan="2">정답: D ⑤①③④⑥②</td></tr>
</table>

해설 对于培养良好的生活习性具有积极作用。(좋은 생활 습관을 기르는 데에 긍정적인 작용을 한다.)

술어가 될 수 있는 "**培养**(기르다)"와 "**具有**(갖추고 있다)"를 찾는다. 우선 "**培养**"의 목적어로는 "**生活习性**(생활습관)"이 가능하다. 나머지 단어에서 "**具有**"의 목적어로 가능한 것은 "**积极作用**(긍정적 작용)"이다. 남은 "**良好的**(좋은)"은 "**生活习性**"을 꾸며주는 것으로 쓰이고, 전치사 "**对于**(~에 대하여)"는 동사 "**具有**"와 함께 쓰이는 전치사이다. 따라서 의미상 "**对于**"가 이끄는 전치사구는 "**对于培养良好的生活习性**"이 되어 부사어 역할을 하여 술어 "**具有**" 앞에 놓이게 된다.

단어 **积极** jījí [형] 긍정적이다, 적극적이다 ㅣ **培养** péiyǎng [동] 배양하다, 키우다

69.

①的	②武术
③发展	④为
⑤广阔的道路	⑥开拓了

① ~의	② 무술
③ 발전	④ ~를 위해
⑤ 넓은 길	⑥ 개척했다

정답: A ④②①③⑥⑤

해설 为武术的发展开拓了广阔的道路。(무술의 발전을 위해 넓은 길을 개척하였다.)

술어 성분이 될 수 있는 "**开拓**(개척하다)"를 찾아준다. 그리고 목적어가 될 수 있는 "**广阔的道路**"를 술어 뒤에 배치해 준다. 의미상 "**武术**(무술)"은 구조조사 "**的**"와 함께 쓰여 "**发展**(발전)"을 꾸며주는 관형어의 역할을 하여 앞에 배치해 준다. 전치사 "**为了**"는 술어 "**开拓**"의 목적을 나타내는 것으로 "**武术的发展**"과 함께 쓰여 부사어가 되어 술어 "**开拓**"의 앞에 놓이게 된다.

단어 广阔 guǎngkuò [형] 넓다, 광활하다 ㅣ 开拓 kāituò [동] 개척하다, 개간하다

武术 wǔshù [명] 무술

70.

①移动电话	②要
③为什么	④飞机上
⑤呢	⑥禁止使用
⑦在	

① 휴대폰	② ~해야 한다
③ 왜	④ 비행기 안
⑤ ~하는가?	⑥ 사용을 금지하다
⑦ ~에서	

정답: C ③②⑦④⑥①⑤

해설 为什么要在飞机上禁止使用移动电话呢?(왜 비행기 안에서는 휴대폰 사용을 금지하는가?)

술어가 될 수 있는 "**禁止使用**"을 찾고, 목적어가 될 수 있는 "**移动电话**"를 술어 뒤에 배치해 준다. 장소를 나타내는 전치사 "**在**"와 장소인 "**飞机上**"이 부사어의 역할을 하게 되어 술어 앞에 사용된다. 조동사인 "**要**"는 장소를 나타내는 부사어 앞에 쓰이고, 의문문을 나타내는 "**为什么**"는 문장의 가장 앞에, 어기조사 "**呢**"는 문장의 마지막에 쓴다.

단어 禁止 jìnzhǐ [동] 금지하다

다음 문장 내용 중 맞는 답 하나를 선택해 주세요.

71.

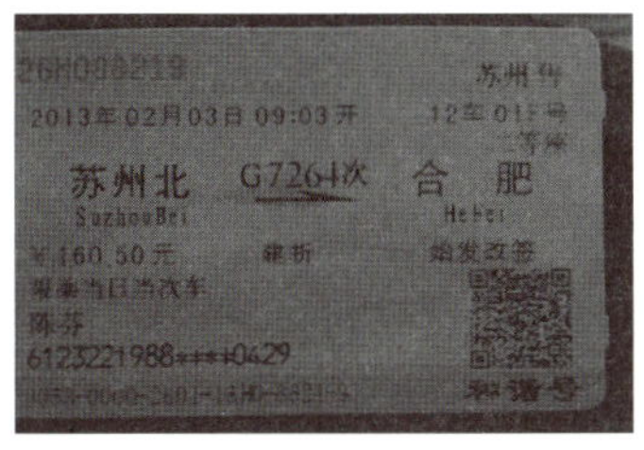

A 这是一张从合肥到苏州北的机票。
B 这趟列车早上9点3分开。
C 本车票可以无数次重复使用。
D 本票的售票员是陈芬。

26H088219　　　　　　　　　쑤저우 매표소
2013년 02월 03일 09:03 출발　　　12칸 01F번
　　　　　　　　　　　　　　　　　2등석

쑤저우베이역　G7264편　허페이

160.50위안　　　　　　　　출발 전 변경했음
당일 당편에 유효함
천편

A 허페이에서 쑤저우베이역으로 가는 비행기
　표이다.
B 이 기차는 아침 9시 3분에 출발한다.
C 이 기차표는 여러 번 중복 사용이 가능하다.
D 이 표의 판매자는 陈芬이다.

해설 위 사진의 기차표에 의하면 "**9点3分开**"을 통해 9시 3분에 출발함을 알 수 있다. 동사 "**开**"는 "출발하다"라는 뜻이다. "**始发 改签**"은 시간, 열차번호가 지정된 본인의 기차에 탑승하지 못했을 경우 단 한 번만 출발역에서 시간, 열차번호를 변경할 수 있다는 말이다. 이 말을 통해 이 기차표는 여러 번 중복 사용이 불가능한 것을 알 수 있다. "**陈芬**"은 이 표의 주인으로 아래의 번호는 신분증 번호이다. 따라서 정답은 B **这趟列车早上9点3分开**。(이 기차는 아침 9시 3분에 출발한다.)이다.

단어 **合肥 Héféi** [고유] 허페이 [중국 안후이(安徽)성의 성도]　ㅣ　**苏州 Sūzhōu** [고유] 쑤저우
售票员 shòupiàoyuán [명] 매표원

72.

　　尊敬的动感地带客户，截至01月13日11时，您的话费余额是42.38元。您可将充值卡密码编辑短信发送到10086505为本机充值，也可登录山东移动网上商城（www.sD10086.cn）缴费，网上缴费还享受折扣哦！

A 该用户需要缴纳42.38元话费。
B 如果想获得折扣，应该去网上缴费。
C 发送短信到10086505可以查话费。
D 这条短信是1月11号收到的。

　　존경하는 감동지대 고객님, 01월 13일 11시까지의 통화요금 잔액은 42.38위안입니다. 문자로 충전카드의 비밀번호를 10086505로 보내시면 이 기계로 충전이 가능합니다. 또한 산둥 이동통신 온라인 쇼핑몰에서 로그인하셔서 비용을 납부하셔도 됩니다. 인터넷에서 납부하시면 할인 혜택도 누리실 수 있습니다!

A 이 고객은 42.38위안의 통화료를 납부해야
　한다.
B 만약 할인 혜택을 받으려면 인터넷에서
　납부해야 한다.
C 문자를 10086505에 보내면 통화료를 알 수
　있다.
D 이 문자는 1월 11일에 받았다.

단어 动感地带 dònggǎn dìdài 중국의 이동통신 회사
截至 jiézhì [동] (시간적으로) …에[까지] 이르다[마감하다]. [주로 '为wéi止'와 함께 사용됨]
话费 huàfèi [명] 통화 요금 ｜ 余额 yú'é [명] (장부상의) 잔금[잔고] ｜ 商城 shāngchéng [명] 쇼핑몰
缴费 jiǎo//fèi [동] 비용을 납부하다 ｜ 充值 chōng//zhí [동] 충전하다 ｜ 折扣 zhékòu [명] 할인
用户 yònghù [명] 사용자, 가입자 ｜ 密码 mìmǎ [명] 비밀번호

73.

印刷经营许可证

（副　本）

（川新出印证字 514020061号）

名　称　四川新财印务有限公司
经营场所　成都市西南航空港开发区机场路帝乐一段3号
法定代表人(负责人)　陈显林
企业类型　有限责任公司
经营范围　出版物、包装装潢、其他印刷品印刷
有效期限　十年

发证机关(盖章)：四川省新闻出版局

二〇一〇年 八月 三〇日

인쇄 경영허가증

(복사본)

(쓰촨) 신출인정자 514020061호

명칭: 쓰촨신재인무유한공사
경영장소: 청두시 서남공항 개발구 지창로 창러1단3호
법정대리인(책임자): 천시엔린
기업유형: 유한책임공사
경영범위: 출판물, 포장장식, 기타인쇄품 인쇄
유효기간: 10년

증서발급기관(도장): 쓰촨성 신문출판국
2010년 8월 3일

A 本许可证的有效期到2020年8月3日。
B 本许可证的发证机关为四川新财印务有限公司。
C 本许可证的所有者为四川新闻出版局。
D 四川新财印务有限公司是一家出版机构。

A 본 인증서의 유효기간은 2020년 8월 3일까지이다.
B 본 인증서의 발급기관은 쓰촨신재인무유한공사이다.
C 본 인증서의 소유자는 쓰촨신문출판국이다.
D 쓰촨신재인무유한공사는 출판기구이다.

해설 위 허가증에서 "有效期限(유효기간)"이 10년인 것을 알 수 있다. 따라서 2010년 8월 30일의 10년 뒤인 2020년 8월 3일까지 유효기간이다. 따라서 정답은 A 本许可证的有效期到2020年8月3日。(본 인증서의 유효기간은 2020년 8월 3일까지이다.)이다.

단어 副本 fùběn [명] 부본, 사본 ｜ 法定代表人 fǎdìng dàibiǎo rén [명] 법정대리인 ｜ 类型 lèixíng [명] 유형
范围 fànwéi [명] 범위 ｜ 包装 bāozhuāng [명][동] 포장(하다) ｜ 装潢 zhuānghuáng [명][동] 장식(하다), 치장(하다)
印刷 yìnshuā [동] 인쇄하다 ｜ 经营 jīngyíng [동] 경영하다 ｜ 许可 xǔkě [동] 허가하다
盖章 gàizhāng [동] 도장을 찍다, 날인하다

74.

공부하려면 함께 공동구매는 칭화대에서
열띤 공동구매 진행 중
새로운 학기, 칭화대 공동구매회, 일 년 단 한 번

과정 특징:
공동구매 수업과정: 마승영어다이렉트리듬영어
공동구매 대상: 2학년 학생
공동구매 시간: 공백 (기재 예정)
공동구매 비용: 원가 760위안(교재포함), 공동
구매가 490위안(교재 증정), 270위안 절약
공동구매 주소:
KFC캠퍼스: KFC에서 북쪽방향 80m, 첸자훼이
로 동3호 건물
도서관캠퍼스: 진펑남로 1호 도서관 4층
지금 83620599 83620899로 바로 전화하셔서
자리를 예약하세요!

A 这是一个希望很多人一起购买课程的广告。	A 이것은 많은 사람들이 함께 수업을 공동 구매하기를 바라는 광고이다.
B 支付490元后，教材另买。	B 490위안을 지불한 후, 교재는 별도로 구매해야 한다.
C 这样的机会一年两次。	C 이런 기회는 1년에 2번 있다.
D 上课地点在图书馆四楼。	D 수업 장소는 도서관 4층이다.

해설 위 광고는 수업 공동 구매 광고이므로 A 这是一个希望很多人一起购买课程的广告. (이것은 많은 사람들이 함께 수업을 공동 구매하기를 바라는 광고이다.)가 정답이다. B는 "团报价490元（送教材）"를 통해 490위안을 지불하면 교재는 무료 증정임을 알 수 있으므로 오답이다. C는 "一年仅一次(일 년 단 한 번)"라는 말을 통해 오답임을 알 수 있다. D에서는 도서관 4층은 공동구매를 하는 장소이지 수업 장소가 아니기 때문에 오답이다.

단어 团购 tuángòu [형] 할인 혜택을 받기 위해 공동구매하다 ㅣ 火爆 huǒbào [형] 번창하다, 불같다
韵律 yùnlǜ [명] 운율 ㅣ 支付 zhīfù [동] 지불하다, 지급하다 ㅣ 立省 lìshěng 즉시 절약하다

75.

운전학원 신입생 모집

1인 1 차량 학습 · 분할납부 · 무료 방문 등록

수량이 한정되어 있어 먼저 등록하면 시험도 먼저!

등록을 원하면 빨리 신청하세요. 책임지고 가르쳐드립니다. 배우면 할 수 있어요!

시험 합격 보장!

운전학원 문의 전화 (운전학원 신청장소)

010-56031234

인터넷: www. tuanxuechen. net

A 几个学员公用一辆车。
B 须一次性交齐学费。
C 驾校员工可以到学员家里接受报名。
D 考试时不分报名先后。

A 몇 명의 학생이 한 대의 차를 사용한다.
B 일시불로 학비를 지불해야 한다.
C 운전학원 직원이 학생의 집에 가서 신청을 받을 수 있다.
D 시험시간은 등록 순서를 따지지 않는다.

 위 광고 중 "**免费上门报名**"을 통하여 무료로 집에서 등록이 가능함을 알 수 있다. 정답은 C **驾校员工可以到学员家里接受报名。**(운전학원 직원이 학생의 집에 가서 등록을 받을 수 있다.)가 정답이다. A는 "**单人单车教学**(1인 1차량 학습)"을 통하여 오답임을 알 수 있다. B는 "**分期付款**(분할 납부)"를 통하여 오답임을 알 수 있다. D는 "**先报先考**(먼저 등록하면 시험도 먼저)"란 말을 통해 오답임을 알 수 있다.

 驾校 jiàxiào [명] 운전기술학교 ｜ **招生** zhāo//shēng [동] (학교가) 신입생을 모집하다 ['招考新生'의 준말]

包教 bāojiāo [동] 책임지고 일정한 학습 내용을 맡아서 가르치다 ｜ **咨询** zīxún [동] 자문하다, 상의하다

接受 jiēshòu [동] 받아들이다, 수락하다, 접수하다

76.

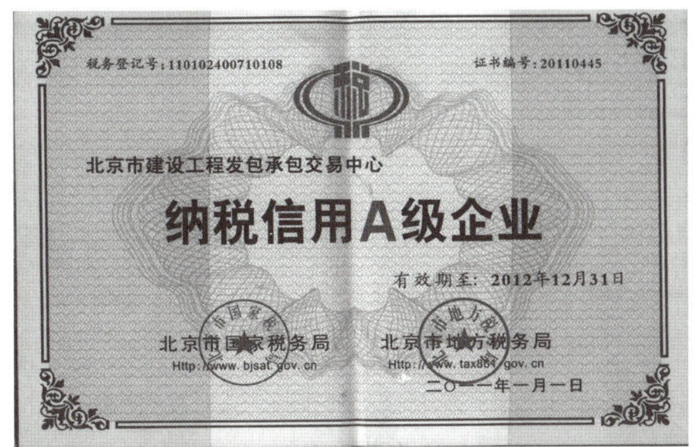

세무등록번호: 110102400710108
증서번호: 20110445

베이징시 건설 공사 하청거래센터

세금납부 신용 A등급 기업
유효기간: 2012년 12월 31일

베이징시 국가세무국　　베이징시 지방세무국
2011년 1월 1일

A 北京市国家税务局的纳税信用很好。
B 北京市地方税务局的纳税信用很好。
C 北京市建设工程发包承包交易中心的纳税信用很好。
D 本证书的有效期为三年。

A 베이징시 국가 세무국의 세금 납입 신용이 좋다.
B 베이징시 지방 세무국의 세금 납입 신용이 좋다.
C 베이징시 건설 공사 하청거래 센터의 세금 납부 신용이 좋다.
D 본 인증서의 유효기간은 3년이다.

해설 위 사진은 "北京市建设工程发包承包交易中心"의 세금 납부 신용 A등급을 나타내는 증서이다. 따라서 정답은 C 北京市建设工程发包承包交易中心的纳税信用很好。(베이징시 건설 공사 하청거래 센터의 세금 납부 신용이 좋다.)이다. A에서는 납입 신용이 좋은 것은 건설공사 하청거래센터이지, 베이징시 국가 세무국이 아니므로 오답이고, B도 베이징시 지방 세무국이 세금 납입 신용이 좋다고 하여 오답이다. D는 "有效期至2012年12月31日"을 통하여 2011년 1월 1일에서 2012년 12월 31일까지 유효기간이 2년이므로 틀렸음을 알 수 있다.

단어 纳税 nà//shuì [동] 납세하다, 세금을 내다 ㅣ 发包 fābāo [동] (건축 · 가공 · 상품 주문 등의 일을) 하청 주다
承包 chéngbāo [동] 청부 맡다, 하청을 받다

77.

감전조심

등반금지
고압위험

A 这里太高不能攀登。
B 这里是高压电，攀登会很危险。
C 这里很容易充电。
D 小心掉落。

A 너무 높아서 등반을 금지한다.
B 고압전이라 등반은 매우 위험하다.
C 쉽게 충전할 수 있다.
D 낙하 조심.

해설 위 사진의 표지판에서 "**高压危险**(고압 위험)"과 "**禁止攀登**(등반 금지)"란 말을 통하여 정답이 B **这里是高压电，攀登会很危险**。(고압전이라 등반은 매우 위험하다.)라는 것을 알 수 있다.

단어 **触电** chù//diàn [동] 감전되다 ㅣ **攀登** pāndēng [동] (무엇을) 붙잡고 기어오르다, 등반하다

高压电 gāoyādiàn [명] 고압 전기 ㅣ **危险** wēixiǎn [형][명] 위험(하다)

掉落 diàoluò [동] 떨어지다

78.

<table>
<tr><td>

授 权 书

YTFL20110513

青岛泰格机械设备有限公司是斗山工程机械（中国）有限公司在青岛、日照地区的斗山叉车指定经销商，负责"斗山叉车"的整车销售、售后服务、配件供应及技术咨询等相关事宜。

有效期：2011 年 1 月 1 日~2011 年 12 月 31 日

特此证明！

</td><td>

매취수권서

칭다오태격기계설비유한회사는 두산건설기계(중국)유한회사의 칭다오, 르자오지역의 두산 지게차의 지정 위탁판매상이다. "두산 지게차"의 대절판매, AS, 부품공급 및 기술 자문 등의 관련있는 일을 책임진다.

유효기간: 2011년 1월 1일~2011년 12월 31일

이에 증명함.

</td></tr>
</table>

<table>
<tr><td>

A 青岛泰格机械设备有限公司是斗山公司所有产品在中国的指定经销商。

B 青岛泰格机械设备有限公司是斗山公司斗山叉车在中国的指定经销商。

C 青岛泰格机械设备有限公司是斗山公司斗山叉车在青岛和日照的指定经销商。

D 青岛泰格机械设备有限公司不负责技术方面事宜。

</td><td>

A 칭다오태격기계설비유한회사는 두산회사 모든 제품의 중국 지정 위탁판매상이다.

B 칭다오태격기계설비유한회사는 두산회사 지게차의 중국 지정 위탁판매상이다.

C 칭다오태격기계설비유한회사는 칭다오와 르자오에 있는 두산회사 두산 지게차의 지정된 위탁판매상이다.

D 칭다오태격기계설비유한회사는 기술방면의 일은 책임지지 않는다.

</td></tr>
</table>

해설 위의 매취수권서 중, "青岛泰格机械设备有限公司是斗山工程机械(中国)有限公司在青岛、日照地区的斗山叉车制定经销商。(칭다오태격기계설비유한회사는 두산회사기계(중국)유한회사의 칭다오, 르자오지역의 두산 지게차의 지정 위탁판매상이다.)"란 문장을 통하여 정답은 C임을 알 수 있다. A는 두산 회사의 모든 상품이 아니라, 지게차만 위탁 판매상이기 때문에 오답이다. B는 중국의 지정 위탁 판매상이 아니라, 칭다오와 르자오지역에만 한정되므로 오답이다. D는 기술 방면의 일도 책임진다고 하였기 때문에 오답이다.

단어 机械 jīxiè [명] 기계, 기계 장치 ㅣ 叉车 chāchē [명] 지게차 ㅣ 经销 jīngxiāo [동] 중개 판매하다
事宜 shìyí [명] 사무, 일 ㅣ 授权 shòu//quán [동] 권한을 부여하다, 대행시키다
设备 shèbèi [동] 갖추다, 설비하다 [명] 설비, 시설 ㅣ 配件 pèijiàn [명] 부품 ㅣ 供应 gōngyìng [동] 제공하다, 공급하다
咨询 zīxún [동] 자문하다, 상의하다

79.

系 江苏启东

人，一九七五 年 十 月 八 日生。在我校

纺织工程 学科（专业）已通过 博士学位的课程考试和论文答辩，成绩合格。根据《中华人民共和国学位条例》的规定，授予 工学 博士学位。

江南大学校长
学位评定委员会主席

二〇〇七年九月二十六

证书编号 1029522007000098

강소성 계동시 출신, 1975년 10월 8일생.
본교 방직공정 학과(전공)에서 박사학위 과정의 시험과 논문 답변을 이미 통과, 합격하였다. 〈중화인민공화국 학위 조례〉의 규정에 따라 공학 박사학위를 수여함.

장난대학교장
학위평가위원회주석

2007년 9월 26일

증서번호 1029622007000098

A 证书持有者入校时间为1975年10月8日。
B 证书持有者获得的是纺织工程学博士。
C 证书持有者获得的是工学博士。
D 证书持有者的专业为工程纺织学。

A 증서 소유자가 입학한 시기는 1975년 10월 8일이다.
B 증서 소유자가 취득한 것은 방직공정학 박사이다.
C 증서 소유자가 취득한 것은 공학박사이다.
D 증서 소유자의 전공은 공정방직학이었다.

해설 위 증명서 중 "授予工学博士学位。(공학 박사 학위를 수여한다.)"를 통하여 증서의 소유자가 획득한 것은 공학박사임을 알 수 있다. A에서 1975년 10월 8일은 학위 소유자의 생년월일이므로 오답이다. B에서 학위 소유자는 공학 박사 학위를 획득한 것이므로 오답이다. D는 전공이 방직 공정학이기 때문에 오답이다.

단어 纺织 fǎngzhī [동] 방직하다 ｜ 答辩 dábiàn [동] 답변하다 ｜ 授予 shòuyǔ [동] 수여하다
持有 chíyǒu [동] 소지하다, 가지고 있다 ｜ 条例 tiáolì [명] 조례, 규정

80.

<table>
<tr><td>

　　本人于2013年9月19日的预产期，经医生建议，定于2013年8月31日提前待产，特从2013年8月31日开始请假，期限为150天，请领导予批准，谢谢！

申请人：张卷

2013年8月16日

</td><td>

　본인은 2013년 9월 19일이 출산 예정일이나, 의사의 건의에 따라, 2013년 8월 31일부터로 앞당겨 출산을 기다리려고 합니다. 2013년 8월 31일부터 시작하여 휴가를 신청하고자 하며, 기간은 150일입니다. 책임자님께서 허락해 주시길 바랍니다. 감사합니다!

신청인: 장쥐엔

2013년 8월 16일

</td></tr>
</table>

<table>
<tr><td>

A 请假人请假的原因是公司停产。
B 请假人请假的原因是要生孩子。
C 请假人请假的原因是要结婚。
D 请假人请假的原因是准备工厂的生产。

</td><td>

A 휴가 신청인이 휴가를 신청한 원인은 회사가 생산을 멈췄기 때문이다.
B 휴가 신청인이 휴가를 신청한 원인은 아이를 낳기 위해서이다.
C 휴가 신청인이 휴가를 신청한 원인은 결혼을 하기 때문이다.
D 휴가 신청인이 휴가를 신청한 원인은 공장의 생산을 준비하기 위해서이다.

</td></tr>
</table>

해설 위의 휴가 신청서 중 "**本人于2013年9月19日的预产期, 经医生建议, 定于2013年8月31日提前待产。**(본인은 2013년 9월 19일이 출산 예정일이나, 의사의 건의에 따라, 2013년 8월 31일부터로 앞당겨 출산을 기다리려고 합니다.)"를 통하여 휴가 신청인이 휴가를 신청한 원인은 아이를 낳기 위해서임을 알 수 있다.

단어 **预产期** yùchǎnqī [명] 출산예정일 ㅣ **建议** jiànyì [동][명] 건의(하다), 제안(하다)

定于 dìngyú [동] 예정하다 ㅣ **提前** tíqián [동] 앞당기다

待产 dài//chǎn [동] 출산을 기다리다, 산기가 있다 ㅣ **期限** qīxiàn [명] 기한, 예정된 시한(時限)

批准 pī//zhǔn [동] (조약을) 비준하다, (하급 기관의 의견·건의·요구 등을) 허가하다

81.

<table>
<tr><td>

节目名称：《992早班车》
主持人：禾岩
播出时间：05：30—07：00
河北电台交通广播打造的早间出行资讯服务节目
主要内容：经典歌曲、名家曲艺欣赏，清晨出行、生活资讯发布

交通广播直播间热线电话：96992

</td><td>

프로그램 제목: 〈992 통근버스〉
사회자: 허옌
방송시간: 05:30-07:00
허베이 방송국 교통 방송에서 제작한 아침 외출 정보 서비스 프로그램
주요 내용: 클래식, 명가설창감상, 아침 외출, 생활 정보알림

교통방송 실시간 핫라인 직통전화: 96992

</td></tr>
</table>

<table>
<tr><td>

A 这是一档少儿节目。
B 这是一档文艺节目。
C 这是一档曲艺节目。
D 这是一档出行资讯节目。

</td><td>

A 본 방송은 어린이 프로그램이다.
B 본 방송은 문예 프로그램이다.
C 본 방송은 설창 프로그램이다.
D 본 방송은 외출 정보 프로그램이다.

</td></tr>
</table>

해설 위의 프로그램 소개 중 "河北电台交通广播打造的早间出行资讯服务节目(허베이 방송국 교통 방송에서 만든 아침 외출 정보 서비스 프로그램)"이란 말을 통하여 외출 정보 프로그램인 것을 알 수 있다.

단어 主持人 zhǔchírén [명] 사회자, 진행자 ㅣ 播出 bōchū [동] 방송하다 ㅣ 电台 diàntái [명] 방송국

广播 guǎngbō [동] 방송하다 ㅣ 打造 dǎzào [동] 창조하다, 만들다, (주로 금속 제품을) 제조하다

出行 chūxíng [동] 외출하다, 다른 지역으로 가다 ㅣ 资讯 zīxùn [명] 소식, 정보

节目 jiémù [명] 종목, 프로그램, 목록, 항목 ㅣ 经典 jīngdiǎn [명] 경전, 고전(古典)

歌曲 gēqǔ [명] 노래, 가곡 ㅣ 曲艺 qǔyì [명] 민간에 유행되는 지방색이 농후한 각종 설창 문예(說唱文藝)의 총칭

欣赏 xīnshǎng [동] 감상하다 ㅣ 清晨 qīngchén [명] 새벽녘, 동틀 무렵, 이른 아침

发布 fābù [동] 발포하다, 선포하다 ㅣ 直播 zhíbō [동] 생중계하다

热线 rèxiàn [명] (물리) 열선, 적외선, 핫라인

82.

어저우시 품질기술감독국
어저우시 담장재료 혁신과 건축 에너지절약 사무실

상품 인증 증서

어저우시 조흠신형건축유한회사:
 샘플검사를 거쳐, 전문가단이 검증 평가하기를 회사에서 생산한 유리 섬유증강시멘트 경질다공 방벽판자는 GB/T19631-2005표준에 부합하여, 신형방벽재료상품에 속한다. 건축물에 사용함을 허가한다.
 이에 이 증서를 발행함

발행시기: 2008년 6월   유효기간: 2010년 6월까지

A 鄂州市墙材革新与建筑节能办公室生产的隔墙条板可以在建筑物上使用。

B 鄂州市朝鑫新型建筑有限公司生产的隔墙条板可以在建筑物上使用。

C 该隔墙条板属于改良产品。

D 该隔墙条板型号为EZQC-22。

A 어저우시 담장재료 혁신과 건축에너지 절약 사무실에서 생산한 방벽 판자는 건축물에 사용 가능하다.

B 어저우시 조흠신형건축유한회사에서 생산한 방벽판자는 건축물에 사용 가능하다.

C 이 방벽 판자는 개량 상품에 속한다.

D 이 방벽 판자의 유형 번호는 EZQC-22이다.

해설 위의 인증 증서 중 **"准予在建筑物上使用。(건축물에 사용함을 허가한다.)"**를 통하여 어저우시 조흠신형건축유한회사에서 생산한 방벽판자는 건축물에 사용이 가능함을 알 수 있다.

단어 鄂州 **Èzhōu** [명] (지리) 어저우 [후베이(湖北)성 우창(武昌)의 옛 이름] l 节能 **jiénéng** [동] 에너지를 절약하다

隔墙 **gé//qiáng** [명] 칸막이벽 [동] 벽[담]을 사이에 두다 l 监督 **jiāndū** [동] 감독하다

83.

<table>
<tr><td>

招募规则

关注新浪海外地产微信号sina-house，或扫描二维码，添加新浪海外地产公众平台为好友。

我们将每天随机抽取10位获奖者，每人赠送#价值20元话费充值卡#。

获奖名单抽奖结束后公布，届时请中奖者私信微信号、手机号码给新浪海外地产官方微博。

注：话费将于8月30号之前充值到中奖者手机上，此日期之前取消微信关注，中奖名额失效。

</td><td>

모집 규칙

신랑해외부동산 웨이신 번호 sina-house에 관심을 누르거나, 또는 QR코드를 스캔하여, 신랑해외부동산 공용플랫폼을 친구로 추가하세요.

매일 무작위로 10명의 당첨자를 뽑아 20위안의 통화료 충전카드를 증정합니다.

당첨 명단은 추첨 후 공고되며, 그때 당첨자는 개인 웨이신 번호나 휴대폰 번호를 신랑해외부동산 공식 웨이보에 보내주면 됩니다.

주의: 통화료는 8월 30일 전에 당첨자 핸드폰에 충전됩니다. 그 전에 웨이신 관심을 취소하면 당첨 자격이 취소됩니다.

</td></tr>
</table>

<table>
<tr><td>

A 获奖者是特别指定的。

B 获奖者手机可以自动充值20元话费。

C 获奖者名单公布后可以到新浪地产办公室领取奖品。

D 名单公布后，获奖者可以随时取消微信关注。

</td><td>

A 당첨자는 특별하게 정해진다.

B 당첨자의 핸드폰에는 자동으로 20위안의 통화료가 충전된다.

C 당첨자는 명단 발표 후 신랑부동산 사무실에서 상품을 수령할 수 있다.

D 명단이 발표된 후 당첨자는 아무때나 웨이신의 관심을 취소할 수 있다.

</td></tr>
</table>

해설 위의 규칙 중 "**每个人赠送价值20元话费充值卡**。(20위안의 통화료 충전카드를 증정합니다.)"와 "**话费将于8月30号之前充值到中奖者手机上**。(통화료는 8월 30일 전에 당첨자 핸드폰에 충전됩니다.)"를 통하여 당첨자의 핸드폰에는 자동으로 20위안의 통화료가 충전됨을 알 수 있다. A는 무작위로 뽑는다고 했기 때문에 오답이다. C는 문장에서 언급되지 않은 내용이고 D는 주의에서 "8월 30일 전에 웨이신의 관심을 취소하면 당첨 자격이 취소됩니다."라는 말을 통해 오답임을 알 수 있다.

단어 关注 guānzhù [동] 관심을 가지다, 배려하다 ㅣ 扫描 sǎomiáo [동] 스캐닝(scanning)하다, 훑어보다

二维码 èrwéimǎ [명] QR코드 ㅣ 添加 tiānjiā [동] 첨가하다, 늘리다, 보태다

抽取 chōuqǔ [동] 뽑아내다, 뽑아 가지다 ㅣ 赠送 zèngsòng [동] 증정하다, 선사하다, 증여하다

领取 lǐngqǔ [동] (발급한 것을) 받다, 수령하다 ㅣ 奖品 jiǎngpǐn [명] 사은품, 장려품

84.

카드 소지인 성명

1. 이 카드는 VIP 회원 카드입니다
2. 결재 전 이 카드를 제시하시면, VIP 할인과 적립을 누리실 수 있으며 회원님의 생일 당일에는 추가 할인도 누리실 수 있습니다
3. 이 카드는 본인만 사용 가능하며, 분실 시에는 즉시 본점에 연락주시길 바랍니다
4. 이 카드는 다른 혜택과 중복 사용이 불가하며, 최종 해석권은 본점에 있습니다

커피
쿠키
칵테일
중식, 양식
홍콩식 디저트

A 持卡人生日当天可以享受更多折扣。
B 本卡可以多人一起使用。
C 本卡可以和其他优惠券一起使用。
D 没有带卡时也可以享受折扣。

A 카드 소지자의 생일 당일에는 더 많은 할인 혜택을 누릴 수 있다.
B 많은 사람이 같이 사용할 수 있다.
C 다른 우대권과 같이 사용할 수 있다.
D 카드를 소지하지 않아도 할인 혜택을 누릴 수 있다.

해설 위의 카드 사용 설명 중 "**会员生日当天可享受折上折**(회원님의 생일 당일에는 추가 할인 혜택도 누리실 수 있습니다)"를 통하여 카드 소지자의 생일 당일에는 더 많은 할인 혜택을 누릴 수 있음을 알 수 있다. B는 문장에서 본인만이 사용 가능하다고 했기 때문에 오답이다. C는 다른 우대권과 사용할 수 없다고 했기 때문에 오답이고 D는 문장에서 언급되지 않았다.

단어 **贵宾** guìbīn [명] 귀빈, 귀중한 손님 ǀ **折扣** zhékòu [명] 할인, 에누리
积分 jīfēn [명] 누계 점수 ǀ **遗失** yíshī [동] 분실하다, 잃다
优惠券 yōuhuìquàn [명] 할인권, 쿠폰 ǀ **享受** xiǎngshòu [동] 누리다, 즐기다
西点 xīdiǎn [명] 서양과자, 양과자(洋菓子) ǀ **鸡尾酒** jīwěijiǔ [명] 칵테일

85.

源自蜂场
品质无忧

"小蜂房"纯蜂蜜是精选天然荆花蜂蜜、洋
槐蜂蜜、油菜蜂蜜精制而成的纯天然食品，里面
不含任何添加剂，长期服用有益身体健康。
生产日期：见标贴或瓶盖　　　保质期：24个月
执行标准：符合GB18796-2005强制性要求
生产许可证号：QS420926010069
配料：洋槐蜂蜜、荆花蜂蜜、油菜蜂蜜。
产地：湖北孝感　　　　　质量等级：一级品
食用方法：直接食用或涂抹食品，调入温水、牛
奶、绿豆汤、粥中饮用，也可凉拌蔬菜水果。
贮存方法：置阴凉干燥处密封保存
注意事项：请勿沸水冲饮（60度以下），以免破
坏营养，如有白色沉淀属蜂蜜结晶，请放心食用
生产商：湖北小蜂房蜂业食品有限公司
地　址：湖北省应城市东马坊蔡赵村特1号
销售电话：0712-3249259/3238609

벌꿀 농장에서 왔어요
품질 보증

"샤오펑팡" 순수 벌꿀은 천연 가시나무 벌꿀, 아카시아나무 벌꿀, 유채 벌꿀을 엄선하여 정제과정을 거쳐 만든 천연식품입니다. 어떠한 첨가제도 없으며 장기간 복용하면 몸에 좋습니다.

생산일자: 제품 설명서 또는 병뚜껑 참조
보존기간: 24개월
집행표준: GB18796-2005 강제조항에 부합함
생산허가증번호: QS42926010069
배합원료: 아카시아나무 벌꿀, 가시나무 벌꿀, 유채 벌꿀
생산지: 허베이 샤오간　　　품질등급: 1등급
식용 방법: 직접 드시거나, 식품에 발라서 드시거나, 따뜻한 물, 우유, 녹두탕, 죽에 섞어 드시거나, 채소나 과일에 섞어 드셔도 좋습니다.
보관방법: 햇빛이 들지 않는 건조한 곳에 뚜껑을 닫고 보관하세요.
주의사항: 영양분이 파괴되지 않도록 끓는 물에 타먹지 마세요. (60도이하) 백색의 침전물은 벌꿀의 결정체이니 안심하고 드세요.
판매원: 허베이 샤오펑팡봉업식품유한회사
주소: 허베이성 잉청시 동마방차자오촌 특1호
주문전화: 0712-3249259/3238609

A 本产品添加剂对人体无害。
B 食用时可以用开水冲饮。
C 本产品变质的话，可能出现白色结晶。
D 本产品保质期为2年。

A 본 물건의 첨가제는 인체에 무해하다.
B 먹을 때는 뜨거운 물에 타먹어도 된다.
C 제품의 질량에 이상이 있을 때 백색 결정체를 볼 수 있다.
D 본 상품의 보존기간은 2년이다.

해설 위의 제품 설명 중 "保质期: 24个月(보존기간: 24개월)"를 통해서 본 상품의 보존 기간이 2년임을 알 수 있다. A는 첨가제를 넣지 않았다고 했기 때문에 오답이다. B는 뜨거운 물에 타먹으면 영양분이 파괴되므로 타먹지 말라고 해서 오답이고 C는 백색 결정체는 벌꿀의 결정체이고, 결정체가 생겨도 안심하고 먹으라 했으므로 오답이다.

단어 **精选** jīngxuǎn [동] 정선하다, 매우 정밀하게 고르다, 알짜만 골라 내다 | **洋槐** yánghuái [명] (식물) 아카시아

油菜 yóucài [명] (식물) 유채, 평지 | **标贴** biāotiē [명] 상표 라벨

瓶盖 pínggài(r) [명] 병마개, 병뚜껑 | **执行** zhíxíng [동] 집행하다, 실행하다

配料 pèi//liào [명] 배합 원료 [동] 원료를 배합하다 | **涂抹** túmǒ [동] 칠하다, 바르다

凉拌 liángbàn [동] (날 야채와 삶은 고기를 잘게 저며, 기름 · 간장 · 식초 · 설탕 따위에) 무쳐 차게 해서 먹다

贮存 zhùcún [동] 저축해 두다, 저장하다 | **沸水** fèishuǐ [명] 끓는 물 | **沉淀物** chéndiànwù [명] 침전물

添加剂 tiānjiājì [명] 화학 첨가제 | **冲饮** chōngyǐn [동] 물에 타[녹여] 마시다 | **保质期** bǎozhìqī [명] 품질 보증 기간

아래의 글을 읽고, A, B, C, D 네 개의 답안 중 가장 적합한 한 개의 답을 고르세요.

86.

经理先生、女士们、先生们:

我对贵公司的访问，从一开始就受到了热情接待。今晚我应贵公司的邀请出席这个宴会，深感荣幸，请允许我代表我的同事，并且以我个人的名义，向经理先生、各位朋友、表示衷心感谢！

在贵公司访问期间，我们在坦率友好的气氛中进行了会谈，通过会谈，我们增进了相互了解，双方都表示愿意进一步加强科技合作。我真诚地希望我的这次访问有利于我们双方贸易往来，有利于促进我们友谊的发展。

为各位的健康干杯！

사장님과 신사, 숙녀 여러분:

제가 회사를 방문했을 때, 처음부터 뜨거운 환대를 받았습니다. 오늘밤 귀사의 초대를 받아 이 연회에 참석하여, 매우 영광입니다. 제가 우리 동료들의 대표로, 또한 저 개인으로서도 사장님과 친구들에게 진심 어린 감사의 말씀을 드립니다.

회사를 방문하는 동안 진솔하고 우호적인 분위기에서 회담을 할 수 있었고, 회담을 통해 우리는 좀 더 서로에 대해 이해할 수 있었으며, 더 발전된 과학 기술 합작을 하기로 하였습니다. 이번 저의 방문이 우리 무역교류에 도움이 되고, 우리 우정의 발전에도 도움이 되기를 진심으로 바랍니다.

우리 모두의 건강을 위해 건배합시다!

这段讲话是发生在什么时候？

A 欢送会上　　　B 欢迎会上
C 生日晚会　　　D 谈判结束后

이 대화는 언제 이루어졌는가?

A 환송회에서　　　B 환영회에서
C 생일파티　　　D 회담이 끝난 후

해설 문장 중 "在贵公司访问期间，我们在坦率友好的气氛中进行了会谈，通过会谈，我们增进了相互了解，双方都表示愿意进一步加强科技合作。(회사를 방문하는 동안 진솔하고 우호적인 분위기에서 회담을 할 수 있었고, 회담을 통해 우리는 좀 더 서로에 대해 이해할 수 있었으며, 더 발전된 과학 기술 합작을 하기로 하였습니다.)"를 통해서 환송회에서 할 수 있는 대화임을 알 수 있다.

단어 接待 jiēdài [동] 접대하다, 응접하다 [주로 정식적이거나 중요한 용건에 쓰임] l 深感 shēngǎn [동] 깊이 느끼다
荣幸 róngxìng [형] 영광스럽다 l 名义 míngyì [명] 이름, 명칭, 명의 l 衷心 zhōngxīn [명] 충심, 진심
访问 fǎngwèn [동] 방문하다 l 坦率 tǎnshuài [형] 솔직하다, 정직하다, 담백하다
贸易 màoyì [명] 무역, 상업, 매매 l 友谊 yǒuyì [명] 우의, 우정 l 允许 yǔnxǔ [동] 허가하다, 허락하다
邀请 yāoqǐng [동] 초청하다, 초대하다 l 宴会 yànhuì [명] 연회 l 经理 jīnglǐ [명] 지배인, 사장

87.

　　发传真：把要传送的内容朝下放入传真机的进纸口，然后拨叫对方传真机号码，如果对方是自动的，会听到长鸣声；如果是人工，叫对方给信号后也会同样听到长鸣声，之后你再按你机子上的"启动"键或"传真"键，一般为最大的那个键，绿或蓝色。然后你挂上电话就可以了，你会看到纸会自动走出来。

팩스보내기: 보내려고 하는 내용을 아래쪽을 향하게 하여 팩스기의 종이 투입구에 넣으십시오. 그리고 상대방의 팩스 번호를 누릅니다. 만약 상대방의 팩스가 자동이라면 길게 울리는 소리가 들릴 것이고, 만약 수동이라면 상대방에게 신호를 달라고 한 후에 똑같이 길게 울리는 소리가 들릴 것입니다. 그리고 난 후 일반적으로 가장 크고, 녹색 또는 파란색인 팩스의 "시작" 또는 "팩스" 버튼을 누르고 수화기를 놓으면 됩니다. 종이가 자동으로 나오는 것을 볼 수 있습니다.

发传真的顺序为:

A 把传送的内容放入进纸口→拨打对方号码→启动→听到长鸣→挂上电话

B 把传送的内容放入进纸口→拨打对方号码→挂上电话→启动→听到长鸣

C 把传送的内容放入进纸口→拨打对方号码→挂上电话→听到长鸣→启动

D 把传送的内容放入进纸口→拨打对方号码→听到长鸣→启动→挂上电话

팩스 보내는 순서는?

A 팩스 보내려는 내용을 종이 입구에 넣는다→상대방 번호를 누른다→시작→길게 울리는 소리를 듣는다→전화를 놓는다

B 팩스 보내려는 내용을 종이 입구에 넣는다→상대방 번호를 누른다→전화를 놓는다→시작→길게 울리는 소리를 듣는다

C 팩스 보내려는 내용을 종이 입구에 넣는다→상대방 번호를 누른다→전화를 놓는다→ 길게 울리는 소리를 듣는다→시작

D 팩스 보내려는 내용을 종이 입구에 넣는다→상대방 번호를 누른다→길게 울리는 소리를 듣는다→시작→전화를 놓는다

해설 문장의 팩스 보내는 순서에 따라 정답이 D임을 알 수 있다.

단어 传真 chuánzhēn [명] 팩시밀리(facsimile), 팩스 ㅣ 拨 bō [동] 누르다
启动 qǐdòng [동] (기계·설비 따위를) 시동하다 ㅣ 鸣声 míngshēng [명] 울음소리, 벨소리
拨打 bōdǎ [동] (전화를) 걸다 ㅣ 挂 guà [동] 전화를 끊다, 수화기를 내려놓다

88.

会议日程

2013年10月18日：全天报到

2013年10月19日

●早餐

时间：7：00 – 形式：自助餐

地点：泸州南苑宾馆佳苑楼醉春厅

●上午

时间：8：00—12：00

地点：泸州南苑宾馆会议中心礼堂

1. 开幕式

（1）主持人：内蒙古河套大学校长、初中专委会副理事长张永胜

（2）参会人员： 学会领导、专家、党政领导、全体正式代表、列席代表，新闻媒体，泸县二中外国语实验学校相关人员

（3）议程

①中国教育学会初中教育专业委员会理事长李锦韬致开幕词

②泸县人民政府领导致欢迎词

③中国教育学会秘书长杨念鲁讲话

④前国家督学、现四川省教育厅厅长王可植讲话

⑤泸州市人民政府常务副市长杨松柏讲话

2. 合影

时间：开幕式结束

地点：南苑会议中心门前梯步处

参与合影人员：学会领导、党政领导、参会正式代表

회의일정

2013년 10월 18일: 하루종일 도착보고

2013년 10월 19일

●아침

시간: 7:00- 형식: 뷔페

장소: 루저우 난위엔호텔 자위엔빌딩 줴이춘홀

●오전

시간: 8:00-12:00

장소: 루저우 난위엔호텔 회의센터홀

1. 개막식

(1) 사회자: 네이멍구 허타오대학총장, 중학교 전문위원회 부이사장 장잉성

(2) 참석인원: 학회대표, 전문가, 정부대표, 전체정식대표, 참관대표, 언론사, 루현 이중 외국어실험학교 관련 인원

(3) 회의순서

① 중국교육학회, 중학교교육전문가위원회 이사장 리진타오의 개막사

② 루현 인민정부대표자 환영사

③ 중국교육학회 비서장 양니엔루 말씀

④ 전 국가독학, 전 쓰촨성교육청청장 왕커스 말씀

⑤루저우시 인민정부상무 부시장 양송바이 말씀

2. 기념촬영

시간: 개막식이 끝난 후

장소: 난위엔 회의센터 문 앞 계단

기념촬영 참여인원: 학회 대표, 정부 대표, 회의 참가 정식 대표

自助餐 zìzhùcān [명] 셀프서비스식의 식사, 뷔페

列席 liè//xí [동] (옵서버로) 참관하다, 참석하다 [발언권은 있으나 표결권은 없이 회의에 참석하는 것을 말함]

实验 shíyàn [동][명] 실험(하다) ｜ **议程 yìchéng** [명] 의사일정(議事日程)

合影 hé//yǐng [동] 함께 사진을 찍다 ｜ **结束 jiéshù** [동] 끝나다, 마치다, 종결하다

<table>
<tr><td>

关于会议日程正确的是哪项?

A 早餐需要参会人员自己解决
B 参会人员可以在18日全天报到
C 新闻媒体可以合影
D 张永胜先生主持整个会议

</td><td>

회의 일정에 대해 알맞은 것은 무엇인가?

A 아침은 회의 참가자가 스스로 해결해야
　 한다
B 회의 참가자는 18일 하루종일 도착보고를
　 할 수 있다
C 언론매체는 기념촬영이 가능하다
D 장잉성씨가 회의 전체를 진행한다

</td></tr>
</table>

해설 맨 앞줄에 나오는 "**全天报到**"를 보고 답이 B임을 알 수 있다. A **早餐需要参会人员自己解决**(아침은 회의 참가자가 스스로 해결해야 한다)는 문장에서 뷔페로 제공된다고 했기 때문에 오답이다. C **新闻媒体可以合影**(언론매체는 기념촬영이 가능하다)는 문장에 언급되지 않은 내용이다. D **张永胜先生主持整个会议**(장잉성씨가 회의 전체를 진행한다)에서 장잉성씨는 개막식만 진행하기 때문에 오답이다.

[89~90]

产品说明书制作要全面地说明事物，不仅介绍其优点，同时还要清楚地说明应注意的事项和可能产生的问题。产品说明书、使用说明书、安装说明书一般采用说明性文字，而戏剧演出类说明书则可以以记叙、抒情为主。说明书可根据情况需要，使用图片、图表等多样形式，以期达到最好的说明效果。现在单纯的文字性的说明书已经不能满足一些复杂的工业产品的说明需求了，很多厂商通过三维动画加实拍的宣传片代替简单的产品说明书。

제품설명서를 제작할 때는 제품의 모든 것을 설명해야 한다. 제품의 장점 뿐만이 아니라, 동시에 주의 사항과 발생할 수 있는 문제점에 대해서도 분명하게 설명해야 한다. 제품설명서, 사용설명서, 설치설명서는 일반적으로 설명하는 언어를 사용해야 하며, 연극연출 종류의 설명서는 서술과 서정적인 언어로도 가능하다. 설명서는 상황의 필요에 따라 사진이나 도표 등 다양한 형식을 사용하여 가장 좋은 설명 효과를 발휘할 수 있도록 해야한다. 현재 단순한 언어적 설명은 이미 복잡한 공업제품에 대한 설명 요구를 만족시키지 못하고 있으며 많은 제조업자들은 3D 애니메이션에 실제 촬영한 영상물을 더하여 단순한 제품설명서를 대신한다.

단어 **优点 yōudiǎn** [명] 장점, 우수한 점 | **戏剧 xìjù** [명] 극, 연극 | **演出 yǎnchū** [명][동] 공연(하다), 상연(하다)
记叙 jìxù [동] 기술하다, 서술하다 | **抒情 shūqíng** [동] 감정을 표현하다
厂商 chǎngshāng [명] 공장과 상점, 제조업자, 생산자, 공장 | **三维动画 sānwéidònghuà** [명] 3D 애니메이션
代替 dàitì [동] 대신하다, 대체하다

89.

产品说明书可以不包括什么？
A 产品优点　　　　B 从哪里购买
C 注意事项　　　　D 可能产生问题

제품설명서가 포함하지 않아도 되는 것은?
A 상품의 장점　　　　B 구매 장소
C 주의사항　　　　　　D 발생할 수 있는 문제

해설 본문의 설명 중에 "**产品说明书制作要全面地说明事物，不仅介绍其优点，同时还要清楚地说明应注意的事项和可能产生的问题。**(제품설명서를 제작할 때는 제품의 모든 것을 설명해야 한다. 제품의 장점 뿐만이 아니라, 동시에 주의사항과 발생할 수 있는 문제점에 대해서도 분명하게 설명해야 한다.)"를 통해서 **B 从哪里购买**는 언급되지 않았음을 알 수 있다.

90.

三维动画最适合用于哪类产品说明？
A 电影　　　　　　B 复杂的工业产品
C 安装说明　　　　D 使用说明

3D 애니메니션이 가장 어울리는 종류의 제품 설명은?
A 영화　　　　　　B 복잡한 공업상품
C 설치설명　　　　D 사용설명

해설 본문의 설명 중 "**现在单纯的文字性的说明书已经不能满足一些复杂的工业产品的说明需求了，很多厂商通过三维动画加实拍的宣传片代替简单的产品说明书。**(현재 단순한 언어적 설명은 이미 복잡한 공업제품에 대한 설명 요구를 만족시키지 못하고 있으며 많은 제조업자들은 3D 애니메이션에 실제 촬영한 영상물을 더하여 간단한 제품의 설명서를 대신한다.)"를 통하여 정답은 **B 复杂的工业产品**임을 알 수 있다.

[91~92]

中星长岛苑位于浦东新区兰城路115弄，比邻文峰大卖场、竹园小学，步行博兴路地铁站8分钟，厨房和卫生间宽敞。房子里面配有全新组合家具：热水器、洗衣机、电冰箱、抽油烟机、微波炉、窗帘、20M宽带、空调、电视机、组合柜、办公桌、电脑椅、豪华席梦思床、电视柜等家具家电，拎包即可入住，特别适合在金桥和陆家嘴上班的白领男女朋友入住，价格实惠，以下附房源真实照片欲租从速！

联系我时，请说是在58同城上看到的，谢谢！

중싱챵다오위엔은 푸둥 신개발지구 란청로 115골목에 위치해 있습니다. 원펑시장, 주위엔초등학교와 가까우며, 보싱루 전철역까지 걸어서 8분 정도입니다. 주방과 화장실은 넓습니다. 집에는 미사용 가구, 가전이 설치되어 있습니다: 온수기, 세탁기, 냉장고, 환풍기, 전자레인지, 커튼, 20M 광대역, 에어컨, TV, 시스템장, 사무용 책상, 컴퓨터 의자, 호화 시몬스 침대, TV받침 등의 가구와 가전제품. 가방만 들고 오셔도 바로 입주가 가능합니다. 특히 찐챠오와 루자줴이로 출근하시는 회사원 남녀에게 적당합니다. 가격도 실속 있습니다. 아래 방의 실물 사진을 첨부하니 입주를 원하시면 서두르세요!

저에게 연락하실 때에는 58통청에서 봤다고 말씀해 주세요!

단어　比邻 bǐlín [명] 이웃 [동] 근접하다, 가까이 있다　|　步行 bùxíng [동] 걸어서 가다, 도보로 가다

厨房 chúfáng [명] 부엌, 주방　|　宽敞 kuānchang [형] 넓다, 널찍하다

配有 pèiyǒu [동] 배치되어 있다　|　热水器 rèshuǐqì [명] 온수기

洗衣机 xǐyījī [명] 세탁기　|　电冰箱 diànbīngxiāng [명] 전기냉장고

抽油烟机 chōuyóuyānjī [명] 레인지후드(range hood), 환풍기

微波炉 wēibōlú [명] 전자레인지　|　窗帘 chuānglián(r) [명] 창문 커튼, 블라인드

宽带 kuāndài [명] [컴퓨터] 광대역, 브로드밴드(broadband)

组合柜 zǔhéguì [명] 콤비 장식장　|　拎包 līnbāo 가방을 들다

白领 báilǐng [명] 정신 노동자, 화이트 칼라(white collar)계층　|　实惠 shíhuì [명] 실리, 실익 [형] 실속 있다, 실용적이다

从速 cóngsù [동] 속히 하다, 되도록 빨리 하다, 시급히 처리하다

91.

关于小区位置正确的是：

A 步行博兴路地铁站只有8分钟
B 位于中星长岛苑
C 在文峰大卖场后边
D 去博兴路地铁站要经过竹园小学

단지의 위치로 알맞은 것은?

A 보싱루 전철역까지 걸어서 8분 밖에 걸리지 않는다
B 중싱챵다오위엔에 위치해 있다
C 원펑시장 뒤쪽에 있다
D 보싱루 전철역에 가려면 주위엔초등학교를 거쳐야 한다

해설 위 광고 중 "步行博兴路地铁站8分钟。(보싱루 전철역까지 걸어서 8분 정도입니다.)"를 통해 정답이 A 步行博兴路地铁站只有8分钟。(보싱루 전철역까지 걸어서 8분 밖에 걸리지 않는다)임을 알 수 있다.

92.

关于房屋设备错误的是：

A 一厨一卫
B 家具齐全，只要准备个人用品就可以入住
C 家具都没有用过
D 不能上网

주택 설비로 옳지 않은 것은?

A 주방 하나, 화장실 하나
B 가구가 다 비치되어 있어, 개인 용품만 갖고 오면 바로 입주가 가능하다
C 가구는 사용한 적이 없다
D 인터넷을 할 수 없다

해설 위 광고 중 "20M宽带(20M 광대역)"을 통해 인터넷이 가능하다는 것을 알 수 있다.

一、活动条件

1、活动时间：2013年12月15日——2014年12月31日

2、收旧换新的区域范围：北京市所有区县

3、客户条件：北京市户籍居民，以及北京市企业法人。个人客户限购5台，企业客户限购50台。如参加"家电下乡活动"，不能同时参加本活动。

a）如您提供组织机构代码证时，需在组织机构代码证复印件上加盖公章。

b）以单位名义享受家电以旧换新政策购买新家电的，购买单位需出示自用证明（加盖公章），并经当地商务主管部门审核同意。《关于以单位名义享受家电以旧换新政策审核事项的通知》，附《以单位名义参加家电以旧换新申请表》（http://www.bjcoCgov.cn/nsjg/fwjy/jdyj/tzggJD/201105/t20110503_55665.html）

c）请您提前准备身份证或机构代码证原件，配送人员上门配送时将首先核对原件，确认无误后，才审核其他证件。

4、换新商品范围：5类商品(电视、洗衣机、电脑、空调和冰箱)

5、活动收旧范围：5类商品(电视、洗衣机、空调、冰箱、电脑)

6、收旧和换新不要求同类商品。空调类收旧，请客户提前拆除完毕。

7、个人或单位享受家电以旧换新政策购买新家电后，如提出退货申请，需先行退还领取的补贴资金。

1. 활동조건

1. 활동시간: 2013년 12월 15일 - 2014년 12월 31일
2. 오래된 제품을 새 것으로 바꿔주는 구역 범위: 베이징시 모든 구역
3. 고객 조건: 베이징시 호적 주민 및 베이징시 기업 법인. 개인 고객은 5대 한정 구매, 기업 고객은 50대 한
    정 구매, "가전 제품 농촌에 보내기 활동" 참가시 본 활동에는 참여하실 수 없습니다.
  A) 조직기구 코드 인증서 제공시, 조직기구 코드 인증서의 복사본에 직인을 받으셔야 합니다.
  b) 기업명의로 오래된 가전제품을 새 것으로 바꿔주는 정책으로 새로운 가전 제품을 구매하실 땐, 구매
    기업은 (직인이 찍힌) 본인사용 증명서를 제시하셔야 하며, 현지 상무주관부의 심사 동의를 거쳐야
    합니다. 〈기업명의로 오래된 가전제품을 새 것으로 바꿔주는 정책 심의 사항에 대한 통지〉 첨부 〈기업
    명의로 오래된 가전제품 새 것으로 바꿔주기 신청표〉 (http://www.bjcoCgov.cn/nsjg/fwjy/jdyj/tzggJD
    /201105/t20110503_55665.html)
  c) 미리 신분증 또는 기구 코드 인증서의 원본을 준비해 주시고, 배송시에, 배송원에게 우선 원본과 대조
    후, 이상이 없으면 기타 증서를 심의합니다.
4. 새 것으로 바꿔주는 상품의 범위: 5종류의 상품(TV, 세탁기, 컴퓨터, 에어컨, 냉장고)
5. 활동 수거 범위: 5종류의 상품(TV, 세탁기, 에어컨, 냉장고, 컴퓨터)
6. 수거와 바꾸는 제품은 같은 종류의 상품이 아니어도 됩니다. 에어컨류의 수거는 고객님께서 미리 철거
    하셔야 합니다.
7. 개인 또는 기업은 오래된 가전 제품을 새 것으로 바꿔주는 정책으로 새 전자제품을 구매한 후, 반품 신청
    을 할 때는 먼저 수령한 보상금액을 반납해야 합니다.

[단어] **范围 fànwéi** [명] 범위 [동] 제한하다 | **户籍 hùjí** [명] 호적 | **公章 gōngzhāng** [명] 공인(公印)

自用 zìyòng [동] 개인이 사용하다 | **审核 shěnhé** [동] ① 심사하여 결정하다 ② 심의하다

原件 yuánjiàn [명] ① 진품 ② 원본 | **配送 pèisòng** [동] ① 물품을 수하인에게 보내다 ② (소비자의 요구에 따라) 배송하다

核对 héduì [동] 대조 확인하다, 조합하다 | **提前 tíqián** [동] (예정된 시간이나 기한을) 앞당기다

拆除 chāichú [동] (건축물 따위를) 뜯어 없애다, 철거하다 | **完毕 wánbì** [동] 끝나다, 끝내다, 종료하다

退还 tuìhuán [동] 반환하다, 돌려주다 | **领取 lǐngqǔ** [동] (발급한 것을) 받다, 수령하다

补贴 bǔtiē [동] 보조하다 [명] 보조금 | **资金 zījīn** [명] ① 자금 ② 자본금

93.

<table>
<tr><td>

什么样的人可以参加此次活动?

A 居住在北京人
B 参加"家电下乡活动"的人
C 在北京市企业上班的人
D 有北京户口的人

</td><td>

어떤 사람이 이번 활동에 참가할 수 있는가?

A 베이징에 사는 사람
D "가전제품 농촌으로 보내기 활동"에 참가한 사람
C 베이징시 기업에 출근하는 사람
D 베이징 호적이 있는 사람

</td></tr>
</table>

해설 윗글에서 "**客户条件: 北京市户籍居民, 以及北京市企业法人**(고객 조건: 베이징시 호적 주민 및 베이징시 기업 법인)"을 통해 베이징 호적이 있는 사람이면 이번 활동에 참가할 수 있음을 알 수 있다.

94.

<table>
<tr><td>

如果以旧换新产品为空调, 客户:

A 收旧时, 应该打电话预约拆除
B 换取的产品必须为空调
C 提前准备好身份证等待核对
D 如果申请退货, 不必退还补贴资金

</td><td>

오래된 에어컨을 새 제품으로 바꿀 때, 고객은?

A 오래된 제품을 회수할 때, 우선 전화로 철거를 예약해야 한다
D 바꾸려는 제품은 반드시 에어컨이어야 한다
C 미리 신분증 등을 준비하여 대조를 기다린다
D 반품 신청을 했을 때는 반품과 비용 보상이 필요없다

</td></tr>
</table>

해설 윗글에서 "**请您提前准备身份证或机构代码证原件, 配送人员上门配送时将首先核对原件, 确认无误后, 才审核其他证件。**(미리 신분증 또는 기구 코드 인증서의 원본을 준비해 주시고, 배송시에, 배송원에게 우선 원본과 대조 후, 이상이 없으면 기타 증서를 심의할 수 있습니다.)"를 통해서 미리 신분증 등을 준비하여 대조를 기다려야 함을 알 수 있다.

引进海内外高层次人才合作洽谈会

人力资源和社会保障部、中共宁夏回族自治区委员会、宁夏回族自治区人民政府决定举办2013中国（宁夏）引进海内外高层次人才合作洽谈会，现将有关事宜公告如下：

一、会议主题：聚才引智创新创业共谋发展

二、时间地点：2013年9月11日-15日中国宁夏·银川

三、引进人才条件

引进煤化工、新能源、设施农业、生物工程、装备制造等宁夏重点项目、重点产业方面急需紧缺的海内外高层次人才和高技能人才，具体条件如下：

（一）拥有海内外知名高校、科研院所工作经历，能够承担重大科技专项、重点科技项目，有较高创新能力的高层次人才；

（二）拥有海内外大中型企业管理经验，熟悉相关领域国际运行规则，有较强经营管理能力的企业高层次经营管理人才；

（三）拥有技术含量高、市场开发前景广阔的专利、发明、项目等能够促进企业自主创新、技术产品升级的高层次创业人才或拥有海内外创业经验，有意愿来宁夏创业投资、项目合作的高层次创业人才；

四、报名方式

凡有意参加2013中国（宁夏）引进海内外高层次人才合作洽谈会的海内外专家学者、高层次人才和高技能人才，可通过电话、传真或电子邮件等方式与宁夏留学人员和专家服务中心联系，并填写报名回执表。报名截止时间：2013年8月20日。

为便于各类人才与宁夏相关企事业单位先期开展对接，大会组委会已将2013年中国（宁夏）引进海内外高层次人才需求情况在宁夏人力资源和社会保障厅网站、中国宁海内外高层次人才合作网公布（网址：http://www.nxhrss.gov.cn http://www.nxgccrCnet）。报名信息经宁夏相关企事业单位对接确认后，大会组委会将正式致函邀请。

五、参会补助

大会将为正式邀请的院士、专家学者、高层次人才和高技能人才提供在宁夏期间的食宿，并给予差旅费补助，具体标准：欧美国家1.2万元人民币，亚洲国家0.8万元人民币，国内0.3万元人民币。

通讯地址：宁夏留学人员和专家服务中心（宁夏银川市上海东路40号）

联系电话：0086-951-5099080、5099081、5099082

传真：0086-951-5099100

E-mAil：nxzj2088@126.com

特此公告

국내외 고급인재 영입 합작 협의회

인력자원과 사회보장부, 중공닝샤회족자치구위원회, 닝샤회족자치구인민정부는 2013 중국(닝샤)에 국내외 고급인재 영입 합작 협의회를 시행할 것을 결정하였으며, 관련 사항을 아래와 같이 공고합니다.

1. 회의 주제: 인재를 모아 지혜를 끌어들여 새로움을 창조해 다 함께 발전을 도모한다.
2. 시간, 장소: 2013년 9월 11일-15일 중국 닝샤 · 인촨
3. 인재 영입 조건
탄화공, 신에너지원, 시설 농업, 유전자 공학, 장비제조 등 닝샤 중점 프로젝트, 중점산업 방면에 시급히 필요한 국내외 고급인재와 숙련된 인재를 영입하는 구체적 조건은 아래와 같다.
 (1) 국내외 저명한 대학교, 과학 연구소에서 일한 경험이 있어야 하며, 중대한 과학 기술 전문 프로젝트와 주요 과학 기술 프로젝트를 담당할 수 있어야 하고, 비교적 창의력이 높은 고급인재여야 한다.
 (2) 국내외 대 · 중형기업 관리경험이 있어야 하며, 관련 영역 국제 운행 규칙을 잘 알아야 하며, 비교적 경영능력이 강한 기업 고급 경영관리 인재여야 한다.
 (3) 기술 수준이 높고, 시장 개발 전망이 넓은 특허, 발명, 프로젝트 등 기업의 자주적인 창조, 기술 제품의 업그레이드를 촉진하는 고급 창업인재 혹은 국내외 창업 경험이 있어야 하며, 닝샤 창업에 투자와 프로젝트 합작은 원하는 고급 창업 인재여야 한다.
4. 신청 방식
 2013 중국(닝샤) 국내외 고급 인재 영입 합작 협회에 참가하려는 국내외 전문가, 고급 인재와 숙련된 인재는 전화, 팩스 또는 이메일 등의 방법을 통하여 닝샤 유학요원과 전문가 고객센터에 연락하시고, 신청 증명표를 기입하여 주십시오. 신청 마감기간: 2013년 8월 20일
 인재와 닝샤 관련 기업과 비영리 사업기관이 미리 연락할 수 있도록 대회 조직위원회에서는 2013년 중국(닝샤) 국내외 고급인재 영입 수요 상황을 닝샤 인력자원과 사회 보장청 홈페이지, 중국 닝샤 국내외 고급 인재 합작 홈페이지에 공고할 예정입니다. 신청 정보를 닝샤 관련 기업과 비영리 사업기관과 연락하고 확인 후, 대회 조직 위원회에서 정식 서신으로 초청할 것입니다.
5. 회의 참가 보조
 대회는 정식으로 초정된 고급 연구원, 전문가, 고급인재와 숙련된 인재에게 닝샤에서 머무는 기간 동안의 숙식과, 출장비를 지급해 드릴 예정입니다. 구체적 기준은 유럽과 아메리카 국가는 위안화 1.2만 위안,아시아 국가는 위안화 0.8만 위안, 국내는 위안화 0.3만 위안입니다.

연락주소: 닝샤유학요원과 전문가 고객센터 (닝샤 인촨시 상하이동로 40호)
전화: 0086-951-5099080, 5099081, 5099082
팩스: 0086-951-5099100
이메일: nxzj2088@126.com

이에 공고합니다.

引进 yǐnjìn [동] (사람 · 자금 · 기술 따위를) 끌어들이다, 도입하다

洽谈 qiàtán [동] (직접) 상담하다, 교섭하다

共谋 gòngmóu [동] 함께 계획하다

煤化 méihuà [동] 물질이 연소하여 숯이나 탄소화합물이 되다

能源 néngyuán [명] (물리) 에너지원

装备 zhuāngbèi [동][명] 군사 장비(하다), 장치(하다), 설비[치](하다)

急需 jíxū [동] 급히 필요로 하다

紧缺 jǐnquē [형] 겨우 되다, 빠듯하다

科研院 kēyányuàn [명] 과학연구원

承担 chéngdān [동] 담당하다, 맡다

熟悉 shúxī [동] 숙지하다, 익히 알다, 충분히 알다

运行 yùnxíng [동] (주로 별 · 차 따위가) 운행하다

广阔 guǎngkuò [형] 넓다. 광활하다

专利 zhuānlì [명] 특허, 특허권

促进 cùjìn [동] 촉진하다

升级 shēng//jí [동] 승급하다, 격상하다, 승진하다

回执 huízhí [명] ① 배달 증명서 ② 영수증 ③ 수령증

截止 jiézhǐ [동] 마감하다, 일단락짓다

便于 biànyú [동] (어떤 일을 하기에) 편리하다

对接 duìjiē [동] 서로 접촉하다, 중개하다

致函 zhì//hán [동] 편지를 보내다

邀请 yāoqǐng [동] 초청[초대]하다

补助 bǔzhù [동] 보조하다

院士 yuànshì [명] 과학원 · 아카데미 등의 회원

亚洲 Yàzhōu [명] (지리) 아시아 주

通讯 tōngxùn [동][명] 통신(하다)

特此 tècǐ [부] 특별히, 이상[이에] (…을 알립니다), 격식어

95.

关于引进条件正确的是?

A 须有工作经验
B 能协助承担重大科技专项
C 科研和管理能力必须同时具有
D 必须拥有海外创业经验

영입 조건으로 알맞은 것은?

A 일한 경험이 있어야 한다
D 중대한 과학 기술 전문 프로젝트를 담당하여 협조할 수 있어야 한다
C 과학 연구와 관리 능력을 동시에 갖추어야 한다
D 해외 창업 경험을 반드시 갖고 있어야 한다

해설 위의 설명에서 "**拥有海内外知名高校、科研院所工作经历**。(국내외 저명한 대학교, 과학 연구소에서 일한 경험이 있어야 한다.)"를 통해 일한 경험이 있어야 함을 알 수 있다. B는 협조할 수 있는 것이 아니라, 담당할 수 있어야 하므로 오답이다. C는 과학 연구와 관리 능력을 동시에 갖추어야 한다는 말이 없어서 오답이다. D는 해외 창업 경험이 반드시 있어야 하는 것은 아니므로 오답이다.

96.

关于报名方式和参会补助:

A 报名时间从2013年8月20日开始
B 参会的专家可以免费得到餐饮和住宿
C 大会组委会会将2013年中国（宁夏）引进海内外高层次人才需求情况在网站上公布
D 报名信息无须核查，所有报名者都会得到邀请函

참가 방식과 회의 보조에 대해서:

A 참가 시간은 2013년 8월 20일부터 시작이다
B 참가한 전문가는 숙식을 무료로 제공 받을 수 있다
C 대회 조직위원회는 2013년 중국(닝샤) 국내외 고급인재 수요 상황을 홈페이지에 공고할 것이다
D 신청 소식은 심의 없이 모든 참가자가 초청 서신으로 얻을 수 있다

해설 위의 공고에서 나온 "**五、参会补助**(회의 참가 보조)"에서 "**大会将为正式邀请的院士、专家学者、高层次人才和高技能人才提供在宁夏期间的食宿，并给予差旅费补助**。(대회는 정식으로 초정된 고급 연구원, 전문가, 고급인재와 숙력된 인재에게 닝샤에서 머무는 기간 동안의 숙식과, 출장비를 지급해 드릴 예정입니다.)"를 통해 참가 방식과 회의 보조에 대해서 맞는 설명은 B **参会的专家可以免费得到餐饮和住宿**(참가한 전문가는 숙식을 무료로 제공 받을 수 있다)임을 알 수 있다.

[97~100]

　　为改善办公及住宿环境，公司已为办公室和宿舍配备空调设备，为了确保我公司空调安全运行，更好地为广大职工提供良好的办公和生活环境，特制定如下空调使用管理规定：

　　一、使用原则：勤俭节约、节能减排、安全使用

　　二、使用条件：

　　1、夏季气温低于33℃不得开启空调。

　　2、冬季气温高于5℃不得开启空调。

　　三、宿舍空调使用规定

　　1、上班时间宿舍空调一律关闭。

　　2、冬季时间熄灯后，应关闭空调。

　　3、夏季时间熄灯后，不准盖被子开空调，空调温度设定应控制在26℃以上。

　　4、宿舍内最后一人离开时，务必关闭空调。

　　四、办公室空调使用规定

　　1、上班时间可以开放空调。

　　2、夏季空调温度设定应控制在25℃以上；冬季空调设定温度不得高于20度。

　　3、下班要提前15分钟关闭空调，长时间（20分钟以上）离开时，要关闭空调。

　　五、其它注意事项：

　　1、空调开放时，应关闭门窗，如需通风换气应先关闭空调；节假日无人时应将空调插座拔掉。

　　2、为了空调散热效果更好，以及空调卫生干净，由行政办公室安排定期清洗消毒过滤网。

　　3、夏季雷雨天气应立即关闭空调，切断电源，以免遭受雷击。

　　4、注意对空调的合理使用和维护，有异常须速报修。

　　六、关于使用不当的处罚

　　发现违反以上二、三、四、五项规定者，在每一个使用阶段期间（每年分夏季和冬季两个使用阶段），首次违规对相关责任人罚款20元；再次违犯者罚款50元；违规三次及以上者，每次罚款100元；如找不到相关责任人，部门或住室所有人员按违规次数统一处罚。

　　七、管理部门为行政人事部行政办公室，其他个人与部门不准私自装拆空调，如有需要，须向行政办公室报告，统一安排解决。

　사무실 및 숙소 환경의 개선을 위해, 회사는 사무실과 숙소에 냉난방 시설을 설치하였습니다. 우리 회사의 냉난방 시설의 안전한 사용을 위해서, 더 많은 직원들에게 좋은 사무실과 생활 환경을 제공하기 위해서 아래와 같은 냉난방 시설의 사용 관리 규칙을 정합니다.
1. 사용원칙: 근검절약, 에너지 절약 및 온실가스 감축, 안전 사용
2. 사용조건:
　1. 여름에 33도보다 낮을 때는 에어컨을 켜지 않는다.
　2. 겨울에 온도가 5도보다 높을 때는 히터를 켜지 않는다.
3. 숙소 냉난방 장치의 사용 규칙
　1. 출근시에 숙소의 냉난방 장치는 모두 끈다.
　2. 겨울에 소등 이후에는 히터를 끈다.
　3. 여름에 소등 이후에는 이불을 덮고 에어컨을 켜지 않으며, 에어컨의 온도를 26도 이상으로 맞추어 놓는다.
　4. 숙소 내에 마지막 사람이 나갈 때는 반드시 냉난방 장치를 끈다.
4. 사무실 냉난방 장치 사용 규칙
　1. 출근 시간에는 냉난방 장치를 켤 수 있다.
　2. 여름에 에어컨 온도는 25도 이상으로 설정해 두고, 겨울에 히터 설정 온도는 20도를 넘어서는 안 된다.
　3. 퇴근 15분전에 냉난방 장치를 끄고, 장시간(20분 이상) 떠나 있을 때는 냉난방 장치를 끈다.
5. 기타 주의 사항:
　1. 냉난방 장치를 켰을 때, 창문을 닫아야 하며, 환기시켜야 할 때는 반드시 냉난방 장치를 우선 끄고 환기를 시킨다. 휴일에 사람이 없을 때는 반드시 냉난방 장치의 콘센트를 뽑아둔다.
　2. 냉난방장치의 열발산 효과를 높이고, 냉난방 장치의 위생을 깨끗이 하기 위해 행정 사무실이 정기적으로 필터를 청소, 소독한다.
　3. 여름에 번개 치는 날씨에는 반드시 바로 에어컨을 꺼야 하며, 전원을 끄고, 벼락이 떨어지는 것을 방지해야 한다.
　4. 냉난방 장치의 적당한 사용과 유지에 주의해야 하며, 이상이 있을 시에는 신속히 수리를 요청한다.
6. 부당사용에 대한 처벌
　이상의 2, 3, 4, 5항의 규정을 위반한 자는 각 사용기간 동안 (매년 여름과 겨울으로 사용기간을 나눈다) 처음 관련 규정 위반자는 20위안을 징수한다. 두 번째 위반한 자는 50위안을 징수한다. 3번 또는 그 이상인 자는 매번 100위안을 징수한다. 관련 책임자를 찾을 수 없을 때에는 부서 또는 방의 모든 사람에게 위반 횟수에 따라 일괄 처벌한다.
7. 관리부서는 행정인사부행정사무실로 하고, 기타 개인과 부서는 개인적으로 냉난방 장치를 설치하거나 철거하는 것을 금한다. 만약 필요하다면 행정사무실에 보고해야 하며 일괄적으로 처리한다.

 配备 pèibèi [동] 분배하다, 꾸리다

确保 quèbǎo [동] 확보하다

勤俭节约 qínjiǎnjiéyuē 근검절약하다

节能减排 jiénéngjiǎnpái 에너지 절약 및 온실가스 감축

开启 kāiqǐ [동] 열다, 개방하다

熄灯 xī//dēng [동] 불을 끄다, 소등하다

设定 shèdìng [동] 설정하다, 규정을 세우다

门窗 ménchuāng [명] 문과 창문

插座 chāzuò [명] 전기 소켓(socket), 콘센트

拔 bá [동] 뽑다, 빼다

散热 sànrè [동] 산열하다

清洗 qīngxǐ [동] 깨끗하게 씻다[닦다]

消毒 xiāo//dú [동] 소독하다

过滤网 guòlǜwǎng [명] 여과그물

电源 diànyuán [명] (전기) 전원

遭受 zāoshòu [동] (불행 또는 손해를) 만나다, 입다, 당하다, 부딪치다

雷击 léijī [동] 벼락이 치다

维护 wéihù [동] 지키다, 유지하고 보호하다, 옹호[수호]하다

报修 bàoxiū [동] (시설 · 설비 등의) 수리를 요청하다

处罚 chǔfá [동] (법에 의해) 처벌하다

违反 wéifǎn [동] 위반하다, 위반되다

罚款 fá//kuǎn [동] 벌금을 내다[부과하다]

安排 ānpái [동] 안배하다, 배치하다

安装 ānzhuāng [동] 설치하다, 고정시키다

97.

哪种情况下无需关闭空调?

A 需要离开25分钟时
B 需要通风换气时
C 夏季雷雨天气
D 宿舍还有人时

어떤 상황에서는 냉난방 장치를 꺼야 할 필요가 없는가?

A 25분 동안 나가야 할 때
B 환기를 시켜야 할 때
C 여름에 번개가 칠 때
D 숙소에 사람이 있을 때

해설 위의 설명 중 "**长时间(20分钟以上)离开时, 要关闭空调**。(장시간(20분 이상) 떠나 있을 때는 냉난방 장치를 끈다.)", "**如需通风换气应先关闭空调**。(환기시켜야 할 때는 반드시 냉난방 장치를 우선 끄고 환기를 시킨다.)", "**夏季雷雨天气应立即关闭空调, 切断电源, 以免遭受雷击**。(여름에 번개 치는 날씨에는 반드시 바로 에어컨을 꺼야 하며, 전원을 끄고, 벼락이 떨어지는 것을 방지해야 한다.)"를 통하여 정답이 D **宿舍还有人时**(숙소에 사람이 있을 때)임을 알 수 있다.

98.

气温几度时可以开启空调?

A 34℃　　　　　B 25℃
C 7℃　　　　　D 26℃

기온이 몇 도일 때 냉난방 장치를 켤 수 있는가?

A 34℃　　　　　B 25℃
C 7℃　　　　　D 26℃

해설 위의 설명 중 "**夏季气温低于33℃不得开启空调**。(여름에는 33도 보다 낮을 때는 에어컨을 켜지 않는다.)"를 통하여 여름에 33도 이상이 되면 냉난방 장치를 켤 수 있음을 알 수 있다.

99.

如果某人违反规定共5次，他将被罚款多少？ A 170元　　　　B 470元 C 570元　　　　D 370元	어떤 사람이 규정을 5번 어겼을 때, 얼마의 벌금을 내야하는가? A 170위안　　　　B 470위안 C 570위안　　　　D 370위안

해설 위의 설명 중 "**首次违规对相关责任人罚款20元, 再次违犯者罚款50元, 违规三次及以上者, 每次罚款100元。**(처음 관련 규정 위반자는 20위안을 징수한다. 두번째 위반한 자는 50위안을 징수한다. 3번 또는 그 이상인 자는 매번 100위안을 징수한다.)"를 통하여 벌금이 370위안 임을 알 수 있다.

100.

行政办公室不负责什么？ A 安排定期清洗空调消毒过滤网 B 安排安装空调 C 安排拆卸空调 D 发现空调异常后报修	행정사무실이 책임지지 않는 것은? A 정기적으로 냉난방 장치를 청소하고 필터를 소독한다 B 냉난방 장치 설치를 안배한다 C 냉난방 장치 분해를 안배한다 D 냉난방 장치의 이상을 발견한 후 수리를 요청한다

해설 위의 설명 중 "**由行政办公室安排定期清洗消毒过滤网。**(행정 사무실이 정해진 기간에 따라서 필터를 청소, 소독한다.)", "**管理部门为行政人事部行政办公室, 其他个人与部门不准私自装拆空调, 如有需要, 须向行政办公室报告, 统一安排解决。**(관리부서는 행정인사부행정사무실로 하고, 기타 개인과 부서는 개인적으로 냉난방 장치를 설치하거나 철거하는 것을 금한다. 만약 필요하다면 행정사무실에 보고해야 하며 일괄적으로 처리한다.)"를 통하여 A, B, C는 행정 사무실의 책임이지만 정답 D **发现空调异常后报修**(냉난방 장치의 이상을 발견한 후 수리를 요청한다)"는 누구의 책임인지 명확한 대상이 나와 있지 않다.